Ernest ROBERT DU BOTNEAU

Ancien Président du Conseil de Fabrique

CHRONIQUE

PAROISSIALE

de l'Église Notre-Dame

de Fontenay-le-Comte

(1837-1905)

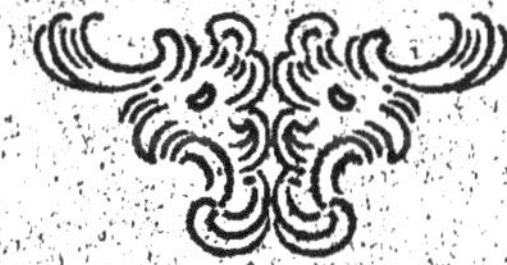

FONTENAY

Imprimerie Fontenaisienne

1912

CHRONIQUE PAROISSIALE

DE L'ÉGLISE NOTRE-DAME

.De Fontenay-le-Comte

Ernest **ROBERT DU BOTNEAU**

Ancien Président du Conseil de Fabrique

CHRONIQUE

PAROISSIALE

de l'Église Notre-Dame

de Fontenay-le-Comte

(1837-1905)

FONTENAY

Imprimerie Fontenaisienne

1912

Avant-Propos

Dans une brochure éditée par Bideaux, Imprimeur à Luçon, sous le titre Recherches archéologiques sur Notre-Dame de Fontenay, notre érudit compatriote, M. Félix Boncenne, Juge au Tribunal de cette ville, a retracé la création de l'église Notre-Dame, ses transformations successives, ses ruines, ses reconstructions partielles, jusqu'en l'année 1837, époque à laquelle M. l'Abbé Ferchaud fut installé comme Archiprêtre.

En poursuivant ce travail jusqu'à la Séparation de l'Église et de l'État, nous n'avons point la prétention de continuer l'œuvre si intéressante, si littéraire, de M. Boncenne ; mais en l'absence de toute chronique paroissiale, nous nous contenterons de signaler à nos contemporains et à ceux qui viendront après eux, les *faits les plus saillants qui se sont passés depuis un demi-siècle, les efforts tentés par le Clergé et les généreux fidèles pour restaurer la maison de Dieu et la rendre digne de Lui.*

E. ROBERT DU BOTNEAU.

Installation de M. l'Abbé Félix Ferchaud
comme Curé-Archiprêtre
de Notre-Dame (1837-1871)

M. Ferchaud (Félix), né à Treize-Vents (Vendée), le 18 janvier 1799, fut installé comme curé-archiprêtre de Notre-Dame le 6 août 1837. A cette cérémonie, présidée par Monseigneur Soyer, évêque de Luçon, assistaient les autorités civiles, les membres du Tribunal, de nombreux ecclésiastiques, et une grande assistance de paroissiens.

Nommé Président du Conseil de Fabrique, M. Ferchaud reçut de M. le Sous-Préfet de Fontenay, une requête qui semblerait extraordinaire à notre époque. Ce fonctionnaire se plaignait du mauvais état des bancs réservés aux autorités civiles et militaires, dans le chœur de l'église. Sa demande fut rejetée, ces travaux étant à la charge de la commune conformément à l'article 47 de la loi de 18 germinal, an X.

Les Calvaires de la paroisse Notre-Dame

En 1841, M. Ferchaud signalait au Conseil de Fabrique la dégradation et l'état de délabrement du

Calvaire de la paroisse. Le terrain sur lequel il était élevé appartenant à M. le comte de Saint-Laurent, on ne pouvait le réédifier sans son autorisation. Par une lettre en date du 13 février 1842, M. de Saint-Laurent répondit favorablement au désir de la Fabrique, en se réservant à perpétuité la propriété du sol.

L'érection de la nouvelle croix eut lieu au mois de juin 1842, à la suite d'un Jubilé accordé par le Souverain Pontife.

L'arbre destiné à faire la croix cubait 60 pieds 6 pouces ; il avait été fourni par le sieur Bellaton pour le prix de 262 francs. Il fut bénit par Monseigneur Soyer. Malheureusement la cérémonie devait être attristée par de graves accidents : sous le poids des assistants, des planchers provisoires s'écroulèrent, un jeune homme de 17 ans eut la cuisse broyée et mourut à l'hôpital, un enfant à la mamelle eut le bras brisé et beaucoup d'autres personnes se retirèrent avec des blessures et des contusions.

Après vingt ans d'existence le nouveau Calvaire était abattu par un ouragan. Le Conseil de Fabrique eut la pensée de le réédifier en pierres. MM. Levesque, architecte, et de Rochebrune, chargés de préparer un plan, s'en acquittèrent avec talent ; leur projet fut mis immédiatement à exécution, grâce à la générosité d'âmes pieuses.

Depuis cette époque le nouveau Calvaire a bravé les intempéries et les injures du temps. Dans ses lignes le monument a le caractère ogival : sur deux socles sont placées des statues : à gauche celle de saint Jean, à droite celle de la Sainte Vierge. L'un et l'autre jettent un regard douloureux vers le Crucifié, Rédempteur du monde. Sur la base on peut lire l'inscription suivante :

> « Ce Calvaire a été bénit le 24 avril 1862,
> » V^e jour après Pâques par Monseigneur Colet,
> » évêque, M. Ferchaud étant curé. »

Les Verrières de l'Église Notre-Dame

En 1844, la Société des Antiquaires de l'Ouest, se préoccupant de l'état lamentable de l'Église Notre-Dame, classée parmi les monuments historiques, notamment de celui de la Flèche et de la Porte au nord, considérant qu'il y avait danger à laisser le monument dans ce délabrement, fit part de ses appréhensions à la Commission des Beaux-Arts. M. Secrétain, son architecte, demeurant à Niort, prié d'adresser un rapport, concluait à la nécessité d'une dépense s'élevant à 7,000 francs, fournis par tiers entre l'Etat, la Fabrique et la Ville ; celle-ci opposa un refus à cette demande. Néanmoins les travaux furent exécutés et, tout compte réglé, ils laissèrent un boni de 700 francs. Il était facile d'en trouver l'emploi. M. le curé Ferchaud manifesta le désir de la restauration de la fenêtre qui surmonte l'autel de la Sainte Vierge ; dès lors le projet des verrières fut formé.

Mais un obstacle se présentait aussitôt : toutes les fenêtres n'avaient pas les mêmes dimensions. A une époque peu précise, avec ou sans droits, des petits industriels s'étaient installés entre les contre-forts de l'Église, avaient construit des échopes, des maisons assez élevées pour boucher les ouvertures par de la maçonnerie, enlever la lumière et gêner l'exercice du Culte. Le sieur Freland, cordonnier, vendit son immeuble à la Fabrique, moyennant la somme de huit cents francs par acte passé en l'étude de Mᵉ Daniel-Lacombe, notaire à Fontenay, en l'année 1853. La maison ayant été démolie, la base de l'Église devenait libre et les fenêtres d'une parfaite régularité. Leurs encadrements et meneaux rongés par le salpêtre reçurent les réparations nécessaires sous la direction de M. Secrétain et de M. Plissot, tailleur de pierre.

M. l'abbé Ferchaud savait qu'il existait à Tours un très habile verrier, M. Lobin. Ce peintre s'était créé une grande réputation en réparant les vitraux de la cathédrale de Bourges. Après un examen minutieux du travail qui lui fut demandé, M. Lobin voulut bien s'en charger dans des conditions avantageuses et par annuités, pour permettre à la Fabrique de trouver l'argent nécessaire à son exécution. Deux anonymes s'engagèrent à payer les verrières de la Chapelle de la Sainte Vierge. Quelques jours après les fonds nécessaires à la pose de deux autres verrières étaient offerts à la Fabrique ; à la vue des travaux déjà faits les dons se multiplièrent jusqu'à l'achèvement complet du projet.

Il nous reste à donner la nomenclature des verrières, leur sujet, la date de leur pose :

1° L'Annonciation de la Sainte Vierge (mai 1849) ;

2° La Naissance de Jésus-Christ (mai 1849) ;

3° La Présentation de Notre-Seigneur au Temple (mai 1849) ;

4° La Visitation de la Sainte Vierge, offerte par les Dames de Fontenay (2 juillet 1850) ;

5° La mort de la Sainte Vierge (mars 1850) ;

6° La Présentation de la Sainte Vierge au Temple, don de 1,800 fr. par un anonyme (21 novembre 1850);

7° L'Adoration des Mages; cette verrière est en tout point semblable à celle de la Cathédrale de Tours (25 mars 1852) ;

8° et 9° Sacrés - Cœurs de Jésus et de Marie (juillet 1852) ;

10° Jésus au milieu des Docteurs, don de Mademoiselle Emma Laval (janvier 1853) ;

11° L'Immaculée Conception de Marie, don de 1,000 francs par un anonyme (juin 1853) ;

12° Emblèmes des grandeurs de Marie (juin 1853) ;

13°, 14°, 15° Verrières mosaïques sans sujets, don de 1,000 francs par M. Léonardon, médecin à Fontenay (juin 1853) ;

Ces magnifiques verrières font honneur au talent de l'artiste qui les a conçues, l'admiration des visiteurs et resteront comme le témoignage de la générosité des fidèles en faveur de l'Église de Notre-Dame.

Bénédiction d'un Arbre de la Liberté
à Fontenay-le-Comte

En mai 1848, sur la demande de l'autorité civile, M. le Curé Ferchaud, accompagné par un nombreux clergé, se rendit sur le Champ-de-Foire afin d'y bénir l'arbre de la liberté.

En présence du Commissaire du Gouvernement, de M. le Maire de la ville, de la Garde Nationale assemblée, de la Compagnie des Sapeurs-Pompiers, d'une foule de citoyens, il prononça un discours de circonstance sur le Courage civique et la Fraternité Chrétienne. Il fut ensuite reconduit au presbytère par un piquet de 15 hommes.

Les Cloches de l'Église Notre-Dame

Pendant la Révolution la plupart des Cloches des Églises avaient été descendues des beffrois et brisées soit par vandalisme, soit comme accusées de prévenir les armées vendéennes de l'approche des Bleus ; celles de Notre-Dame n'eurent pas ce triste sort ; aussi au rétablissement du Culte catholique on en comptait trois :

1° La grosse Cloche sur laquelle on lit : « *Sancte Venanti ora pro nobis.* L'an mil CCCCLXVI, me fit

galloys, à son devis, à la requefte des habitans, pre
lefevre ce promovans, lors ectant fabricour de céans.»

2° Deux autres Cloches remplacées comme il est
dit ci-après :

Dans sa délibération du 23 avril 1854, M. Ferchaud,
archiprêtre, prie le Conseil de Fabrique de délibérer
sur l'opportunité d'acquérir de nouvelles Cloches,
celles qui existaient n'ayant pas le son nécessaire
pour être entendues des parties les plus éloignées de
la paroisse, et manquant d'un accord parfait entre
elles.

La proposition de M. le Curé est acceptée en prin-
cipe, et dès le 15 octobre 1854, la Fabrique apprend
par une lettre de M. Bollée, fondeur au Mans, qu'il
sera en mesure de livrer les deux Cloches au mois de
janvier 1855.

Le Président invite le Conseil à choisir des parrains
et marraines en exprimant le désir que ce choix
porte sur les familles des membres du Conseil de
Fabrique. Il est décidé que M. le Marquis de Monbail
sera parrain avec Madame de Rochebrune mère
comme marraine.

Le 6 février 1855 eut lieu la bénédiction solennelle
des Cloches sous la présidence de Monseigneur
Baillès, évêque de Luçon, entouré par le Clergé et
une grande affluence de fidèles.

La plus grosse, du poids de 600 kilos, parfaitement
décorée porte le nom de MARIE - IMMACULÉE et
l'inscription suivante :

« Sub pontificatu Pii noni. Anno 1855.

» In honorem B. Mariæ V., sine labe originali conceptæ.

» Nomen imposuerunt. V. de Monbail et N. de Vassé uxor A. de Rochebrune. Tunc erant matricularii Ecclesiæ.

» P. Babin, E. Bréchard, O. Giraud, C. Joffrion, F. Lévêque, F. Daniel-Lacombe, V. de Monbail, A. de Rochebrune, O. de Rochebrune, L. Vinet.

» F.-M. Ferchaud, archipresbyter, rector parochiæ, F. Duprat et P. Begaudeau, vicarii.

» Jacobus-Maria-Josephus, episcopus Lucionensis.

» Vespere et manè et meridiè narrabo et annuntiabo et exaudiet vocem meam (Ps. 54).

» E. Bollée, cenoman me fudit. »

La seconde Cloche, du poids de 400 kilos, porte le nom de SAINT PIERRE, PRINCE DES APOTRES, et l'inscription suivante :

« Sub pontificatu Pii noni. Anno 1855.

» Hæc campana benedicta est et oleo sacro uncta sub vocabulo s. Petri apostolorum principis.

» Nomen imposuerunt, C. Joffrion et H. Palliot, uxor L. Vinet, civitatis magistri.

» Jacobus-Maria-Josephus, épiscopus Lucionensis.

» Monstra te matrem.

» Laudabo Dominum in vita mea psallam Deo meo quamdiu fuero (Ps. 45).

» E. Bollée, cenoman me fudit. »

Antérieurement à l'installation de ces deux nouvelles Cloches, l'Église en possédait une quatrième, appelée la *Petite-Cloche*. Elle était d'un usage jour-

nalier pour annoncer les Messes basses, les Caté-
chismes, les Baptêmes, les Funérailles des enfants.
Le métal aminci par ces sonneries fréquentes eut une
avarie nécessitant un changement. Le 23 avril 1868,
M. Bollée fournissait une Cloche en parfait accord
avec les autres. A la fin de l'année elle fut bénite par
le Clergé paroissial, M. du Couëdic de Kéréran étant
le parrain, et Mademoiselle Marguerite Moller, la
marraine. Elle porte l'inscription suivante :

« Hæc campana benedicta est et oleo sancto inuncta sub
vocabulo, MARIÆ MARGUERITÆ. Anno 1868.

» Nomen imposuerunt Albertus-Maria-Evaristus-Leander
du Couëdic de Kéréran et Margarita-Amélia-Sophia Moller.

» Laudate pueri Dominum, laudate nomen Domini.

» Bollée et ses fils, fondeurs-accordeurs au Mans. »

Organisation des Pompes Funèbres
en l'Église Notre-Dame

Le 8 novembre 1868, le Conseil de Fabrique,
prenant en considération la dignité des inhumations,
et la nécessité de se créer des ressources, est appelé
à délibérer sur l'organisation des Pompes funèbres.
Le transport des défunts par le Corbillard de la
Société de Secours Mutuels est autorisé. Un Catafalque
et des Tentures sont mis à la disposition des
Familles moyennant un tarif approuvé par l'Autorité
Diocésaine.

Dans cette même Séance du 8 novembre, le Conseil nomme une Commission pour visiter la charpente et les toitures de l'Église, qui nécessitaient des réparations urgentes.

Il décide en outre la translation de l'Autel de la Sainte-Vierge aux lieu et place de celui saint Venant. M. Octave de Rochebrune, chargé d'étudier cette question, soumet un projet approuvé par M. l'architecte des monuments historiques. Il est très apprécié par tous ses collègues pour sa légèreté et son élégance. M. Montigny, plâtrier à Fontenay, est chargé de son exécution.

Dans sa séance du 8 mars 1868, le Conseil de Fabrique vote la somme de 1,650 francs, destinée à payer les frais du dallage, en marbre, du sanctuaire, et celle de 250 francs pour la réparation de celui de la nef au sud de l'Église.

Chaises & Bancs

Dans la séance du 8 mars 1868, M. le Président du Conseil expose que les bancs qui garnissent l'Église sont très disgracieux et incommodes, qu'il serait préférable de les remplacer par des chaises fixes et uniformes. La proposition de M. le Curé est adoptée. Le modèle dessiné par M. de Rochebrune est déposé au presbytère, à la disposition des ouvriers et chaisiers de la ville. Une somme de 4,000 francs, mise en réserve pour la reconstruction du presbytère, est affectée à cette nouvelle dépense. Le sieur Chevallereau s'engage à fournir les chaises et les prie-Dieu au prix de 100 fr. la douzaine. Son offre est acceptée.

Cette innovation heureuse entraînait le changement du banc des Marguilliers. Le 8 août 1869, le sieur Allard, menuisier, consentit à le renouveler en chêne au prix de 40 francs le mètre courant.

Conformément à l'article 68 du décret de 1809, les places en l'Église devaient être mises en adjudication chaque année ; cette obligation était tombée en désuétude ; le Conseil décide de l'observer désormais, laissant les occupants de longue date les conserver jusqu'à leur décès.

Achat d'un Harmonium

Pendant sa longue administration de 34 années, M. Ferchaud s'est principalement occupé des améliorations intérieures de l'Église Notre-Dame. Il eût voulu doter sa Paroisse de grandes Orgues, les anciennes étant hors de service, mais l'état précaire de sa santé, la somme importante à trouver furent des obstacles invincibles à son pieux dessein. Provisoirement la Fabrique consentit à acquérir pour la somme de 3,000 francs un important Harmonium et 500 francs par an demeurèrent votés comme honoraires de l'organiste.

Démission de M. Ferchaud

Le 29 septembre 1871, M. l'Abbé Ferchaud, avec une modestie rehaussant son mérite et son dévouement à la Paroisse, donna sans bruit sa démission de Curé-Archiprêtre de Notre-Dame. Le Conseil de Fabrique, interprète de la population, lui fit parvenir l'expression de ses regrets ; elle était ainsi conçue :

Monsieur le Curé,

Les Membres du Conseil de Fabrique de l'Église Notre-Dame de Fontenay-le-Comte, éprouvent le besoin de venir, en leur nom personnel et au nom de tous vos Paroissiens, dont ils sont les fidèles interprètes, vous exprimer, avec leurs respectueux hommages, leurs profonds regrets et ceux de la population entière de se voir séparés de vous.

Leur reconnaissance pour l'ardeur et la constance de vos soins pieux et zélés et de votre sollicitude toute paternelle pendant tout le cours de votre longue administration, hélas ! trop courte pour eux, ne peut être égalée que par leur inaltérable attachement et leur affection toute filiale.

Le besoin s'étant fait sentir pour vous, Monsieur le Curé, de vous reposer des pénibles travaux de votre apostolat, ils ont vivement regretté qu'une maladie, qui, ils aiment à s'en flatter, n'aura pas de suites, soit venue hâter votre décision ; mais tous avaient espéré vous voir prendre le repos au milieu de votre Paroisse bien-aimée, pour pouvoir par votre présence parmi eux, mieux conserver encore les fruits de vos vertueux exemples et de vos instructions pastorales. La divine Providence en a décidé autrement, c'est un bien pénible sacrifice qu'elle a imposé à vos Paroissiens, mais que la Religion leur fait un devoir d'accepter avec résignation.

Elle a daigné dans sa bonté les gratifier d'un digne successeur à vos bonnes œuvres, mais les éminentes qualités et les vertus de leur nouveau Pasteur ne peuvent leur faire oublier celui qu'ils ont eu la douleur de perdre.

Tous vos Paroissiens, Monsieur le Curé, vous remercient des adieux touchants que vous avez bien voulu leur adresser en les quittant. Ces affectueux adieux ne leur ont rien appris des sentiments paternels dont vous avez été sans cesse animé pour eux.

Ils vous adressent les leurs du fond du cœur, en se recommandant à vos bonnes et saintes prières.

C'est dans ces sentiments que les Membres de la Fabrique, en formant les vœux les plus ardents pour le rétablissement de votre santé qui leur sera toujours chère et précieuse,

Ont l'honneur d'être avec le plus profond respect, Monsieur le Curé, vos très humbles et obéissants serviteurs.

Daniel-Lacombe, Paul Rousse, Vallette, O. de Rochebrune, Levesque, Méchineau, Martial Joffrion, E. Robert du Botneau, E. Bréchard, Chabot de Péchebrun.

Réponse de M. le Curé Ferchaud à l'adresse du Conseil de Fabrique

A Monsieur le Président du Conseil de Fabrique

Monsieur,

J'ai été touché au delà de tout ce que je puis dire des sentiments renfermés dans l'adresse que vous m'avez envoyée au nom du Conseil de Fabrique de la Paroisse Notre-Dame. Ces Messieurs ont bien interprété la pensée qui dominait dans les adieux que j'ai laissés en partant à tous mes paroissiens. La nécessité du repos a été la vraie cause de ma détermination. Il arrive un temps où les forces faisant défaut, on est obligé d'agir par raison plutôt que selon les inspirations de son cœur.

Veuillez être l'interprète de mes sentiments de reconnaissance auprès de Messieurs vos Collègues, et je conserverai leur adresse avec autant de soins que d'autres en mettent pour leur titre de noblesse.

Agréez, Monsieur, l'expression de ma reconnaissance et de mes sentiments respectueux.

Ferchaud, Prêtre, Chanoine honoraire.

Fondation de Messes
Remboursement de rentes
(1837-1871)

9 Juin 1850. Don anonyme de 1,000 francs. 12 Messes basses chaque année.

14 Août 1850. Remboursement par Madame Besly née Martineau, d'une rente de 6 francs.

6 Juillet 1851. Remboursement par MM. Maynard et Robin d'un rente de 5 francs.

19 Octobre 1856. Remboursement par la famille Bréchard d'une rente de 80 francs. 24 Messes basses.

8 Octobre 1863. Remboursement par Madame Vincendeau d'une rente de 9 décalitres 20 centilitres de blé.

11 Septembre 1871. Legs de Madame Bichon née Françoise Favreau, de 25 francs de rente, fondation de Messes.

Nota. — Après autorisation, ces valeurs ont été placées en rentes sur l'État.

Liste des Membres du Conseil de Fabrique

(1837-1871)

Président : M. l'Abbé Ferchaud, Curé-Archiprêtre de Notre-Dame.

Maires : MM. Daniel Chabot, Gabriel Espierre, Léon Vinet, Clément Vallette, Octave de Rochebrune, Sigisbert Gandriau, Léonidas Baron.

Secrétaires : MM. Bréchard, Avocat; Martial Joffrion.

Trésoriers : MM. Bréchard, Ch. Joffrion, Paul Rousse, Ernest Robert du Botneau.

Membres : MM. le Marquis de Monbail; Raison; Brisson, Docteur en Médecine ; Babin aîné ; de Vassé ;

de Rochebrune père ; Levesque, Architecte ; de Gué-
nyveau ; Olympe Giraud ; Octave de Rochebrune ;
Daniel-Lacombe, notaire ; Chabot de Péchebrun ;
Charles Robert du Botneau.

Installation de M. l'Abbé Auguste Méchineau
comme Curé-Archiprêtre
de Notre-Dame (1871-1891)

L'an de grâce de N. S. 1871, et le Vendredi
8 décembre, fête de l'Immaculée Conception de la
Bienheureuse Vierge Marie, M. l'abbé Félix Ferchaud
ayant donné sa démission volontaire, M. l'Abbé
Auguste Méchineau, né à Saint-Georges-de-Montaigu,
âgé de 56 ans, précédemment Curé-doyen de Saint-
Jean-de-Monts, nommé par Monseigneur Charles-
Théodore Collet, évêque de Luçon et agréé par
M. Thiers, Président de la République (Décret du
21 Novembre 1871), a été installé comme Curé-
Archiprêtre de Notre-Dame de Fontenay-le-Comte,
par M. l'abbé Georges Simon, Vicaire Général délégué
à cet effet.

Etaient présents :

MM. Pierre Bibard, Pierre Brun, Léandre Chabiran,
Vicaires de ladite paroisse de Notre-Dame de Fonte-
nay-le-Comte ; Baffreau, Vicaire de Saint-Jean ; Jean-
Baptiste Blanchet, Aumônier des Ursulines ; Théophile
Lionnet, Aumônier de l'Union-Chrétienne ; Edouard

Dion, Aumônier de l'Hospice ; Pierre Baron, curé de l'Orbrie ; le Père Ladislas, Capucin ; Félix Patarin, Prêtre habitué.

Etaient en outre présents : MM. les Membres du Conseil de Fabrique, et autres personnes notables de la Paroisse Notre-Dame de Fontenay-le-Comte.

Ont signé à l'original : Simon, Grand Vicaire Général, O. de Rochebrune, P. Bibard, Levesque, Daniel-Lacombe, Paul Rousse, Vallette, Martial Joffrion, E. Robert du Botneau, A. Méchineau, P. Brun, L. Chabiran.

Avant d'aborder l'importante question de la reconstruction du Presbytère, nous signalerons brièvement quelques menus faits qui se sont passés au début de l'Administration de M. le Curé Méchineau.

Le 31 décembre 1871, M. Daniel-Lacombe, notaire à Fontenay-le-Comte est nommé Président du Conseil de Fabrique.

M. Moreau-Sourit demande à rembourser le capital d'une rente de 25 francs due à la Fabrique.

Le 7 avril 1872, M. Ménardeau est choisi comme Organiste de la Paroisssе.

Dans cette même séance, M. le Curé est autorisé à placer sur l'Autel de la Sainte Vierge une Statue plus en harmonie avec sa décoration. Le 20 avril 1873, il devait compléter cette ornementation par la pose de deux bas-reliefs représentant l'un le Miracle de la Sallette, l'autre celui de Lourdes.

Le 5 février 1874, M. Petit-Duvignaud fait don à la Fabrique d'une somme de 3,000 francs, avec condition d'un service annuel pour lui et sa famille.

La Reconstruction du Presbytère

Le fait le plus important de l'Administration de M. Méchineau est certainement la reconstruction du Presbytère de la Paroisse.

Longtemps avant la Révolution, ces anciens bâtiments étaient occupés par Messieurs les Curés. A cette époque comme à la nôtre, ils furent confisqués et mis à la disposition de la Commune qui s'empressa d'y établir son Hôtel-de-Ville. Le calme étant revenu, sur sa demande, M. le Curé d'alors rentra en possession de la Maison Curiale, conformément à la loi du 18 germinal an X, restituant les Presbytères non aliénés à ceux qui les occupaient précédemment. La Mairie fut transportée dans la maison de M. de Grimouard-Duvignaud, située à l'angle de la rue Pierre-Brissot.

En 1878, le Conseil de Fabrique afin d'éclairer ses droits de propriété en prévision de la reconstruction du Presbytère, fut appelé par son Président à étudier cette question. Malgré la compétence de plusieurs de ses Membres, le Conseil décida qu'elle serait soumise avec pièces à l'appui à trois jurisconsultes éminents : MM. Ernoul, ancien Garde des Sceaux, Avocat à Paris ; le Directeur du *Journal des*

Fabriques; Avril de la Vergnée, Avocat à la Rochelle. Les trois consultations de ces Messieurs peuvent se résumer dans les conclusions suivantes :

« 1° D'après la jurisprudence du Conseil d'État, des » Ministres de l'Intérieur et des Cultes, de la Cour de » Cassation, les Presbytères et jardins adjacents non » aliénés, rendus au Culte par la loi du 18 germinal » an X (catégorie dans laquelle se trouve le Presbytère » actuel), doivent être considérés comme propriété » communale, *mais avec affectation spéciale au* » *service du Culte.*

» 2° Les Communes ne peuvent changer arbitrai- » rement la destination ; elles ne le peuvent sans un » avis du Conseil d'État et un décret du Gouver- » nement, lequel ne sera rendu qu'après avis » préalable de l'Évêque et du Préfet.

» 3° Dans le cas où la Fabrique viendrait à être » dépossédée, la commune, en raison de la bonne foi » de la Fabrique, justifiée par le concours de la com- » mune elle-même, serait obligée de l'indemniser, tout » au moins de la plus-value provenant des construc- » tions qu'elle aurait établies. »

Après lecture de ces conclusions, le Conseil de Fabrique eut un instant d'hésitation dans la poursuite de ses projets, mais en présence des instances de M. le Curé, des encouragements de Monseigneur l'Évêque qui engageait sa responsabilité, les travaux de reconstruction du Presbytère étaient décidés.

Les plans avaient été approuvés par M. le Ministre des Cultes avec quelques modifications. L'Etat assurait une subvention de 5,000 francs, la Ville, moins généreuse, celle de 2,000 francs ; les économies de la Fabrique et son emprunt devaient couvrir la dépense totale s'élevant à la somme de 17,500 francs.

Une heureuse circonstance vint modifier toutes les prévisions et retarder encore le commencement des travaux.

A la fin de l'année 1873, la ville de Fontenay vendait en détail l'ancienne école mutuelle sise en bordure du Marché-aux-Herbes. La Fabrique et M. Sauvaget, géomètre-expert, étaient intéressés à posséder une parcelle de cet immeuble mitoyen de leur propriété. Ils achetèrent un lot de 393 mètres carrés adjugés à leur profit par acte passé en l'étude de M⁰ Angebault, notaire à Fontenay, le 27 novembre 1873. Ledit acte stipulait le prix de 6,200 francs. Cette acquisition permettait à la Fabrique et à M. Sauvaget d'élargir leurs propriétés et d'en rectifier l'alignement.

Dans ce but M. Daniel-Lacombe, Président du Conseil de Fabrique, rédigea avec M. Sauvaget une convention par laquelle la Fabrique lui cédait un mètre vingt-cinq centimètres de largeur dans toute la longueur de la bande de terrain acquise en commun, et cela dans des conditions de clôture et de jouissance à établir entre les parties. M. Sauvaget s'engageait à payer à la Fabrique la somme de 955 francs.

L'acquisition faite par la Fabrique lui donnait l'avantage très appréciable de construire le Presbytère sur une seule façade, mais il fallait renoncer à tous les plans faits jusqu'à ce jour. MM. Bouffier et de

Rochebrune étudièrent un second projet avec courage
et dévouement et le présentèrent au Conseil de
Fabrique. Il se distinguait par son ornementation,
son style en rapport avec l'Eglise. Il fut adopté à
l'unanimité.

Nous devons dire aussitôt que ce nouveau plan
comportait une plus forte dépense. Son devis s'élevait
à la somme de 36,000 francs. Néanmoins le Conseil
avise aux moyens de trouver les fonds nécessaires à
sa réalisation. De nouvelles demandes de subvention
sont faites. L'emprunt de la Fabrique est augmenté et
porté à 14,000 francs. Le dossier nécessaire est rapi-
dement soumis à l'administration pour qu'il soit
approuvé par elle, et après sept années d'attente, en
celle de 1878, MM. Courtière père et fils se mettent
à l'œuvre pour commencer les travaux.

Le 5 octobre 1879, M. Bouffier, architecte, introduit
devant le Conseil, expose que la construction est
terminée, sauf les murs de clôture vis-à-vis le Marché-
aux-Herbes. Il ajoute que la dépense totale à ce jour
est de 31,000 francs, et qu'il évalue à 4,000 francs les
travaux d'achèvement complet. Il reçoit les félicitations et les remerciements de l'assemblée.

Nous dirons plus loin quel fut le sort de ce beau et
élégant Presbytère, ornement de la ville de Fontenay,
ce qu'il est aujourd'hui, après la Séparation de l'Eglise
et de l'Etat.

Le 7 juillet 1878, M. le Président fait part au Conseil
de Fabrique d'un legs de Mlle Henriette Vinet, pro-

priétaire à Fontenay. Par son testament en date du 11 janvier 1867, elle donne au Curé de la paroisse Notre-Dame la somme de 1,000 francs avec obligation à perpétuité et par an, de célébrer deux messes, l'une pour sa mère, l'autre pour elle-même. Ses héritiers, M. Alexis Mignon et son épouse, née Vinet, par un acte de donation entre vifs passé en l'étude de Mᵉ Daniel-Lacombe, notaire à Fontenay, le 1ᵉʳ avril 1878, et aux mêmes conditions que celles spécifiées ci-dessus, augmentèrent de 2,000 francs la générosité de leur tante.

Dans sa séance du 4 juillet 1880, M. le Curé annonce au Conseil qu'une pieuse chrétienne offre à l'Église la statue de sainte Anne, placée entre le chœur et l'autel de la Sainte Vierge.

Le 24 avril 1881, M. le Curé propose au Conseil de prendre sur le disponible de l'année courante une somme de 400 francs, pour la construction d'une petite serre dans le jardin du Presbytère. Sa demande est prise en considération et autorisée.

Le 2 juillet 1882, M. le Curé fait observer au Conseil que le dallage de l'église est dans le plus mauvais état. Pour le remplacer, des carreaux de Maubeuge eussent été du meilleur effet, mais les dépenses de la construction du Presbytère ayant absorbé les ressources de la Fabrique, on dut choisir le ciment ornemental pour une superficie aussi grande, soit 600 mètres carrés. La dépense était évaluée à 1,100 francs. Une quête productive permit de procéder à l'exécution de ce travail sous la direction de M. Bouffier. Comme nous l'avons mentionné précédemment, en 1868, les bancs de la nef principale avaient été remplacés par des chaises fixes, mais ils existaient encore dans les bas-côtés. Les stalles du Clergé privaient les fidèles de la vue du maître-autel. Pour l'uniformité des sièges, les bancs furent remplacés par des chaises fixes et les stalles du Clergé installées à gauche et à droite du chœur.

Le 1er octobre 1882, M. Benjamin Bineau demande à la Fabrique l'autorisation d'amortir une rente de 16 francs 79 centimes.

Il obtient satisfaction.

Érection du Chemin de Croix
en l'Église Notre-Dame (11 mars 1884)

PROCÈS-VERBAL

Après le chant des Vêpres, le R. P. Pineau, missionnaire de l'Immaculée-Conception de Nantes, prédicateur de la station du Carême, dit quelques mots sur la dévotion au Chemin de Croix. M. l'Archiprêtre procède ensuite à la bénédiction des Stations et des Croix. Chaque tableau est porté au milieu d'une foule recueillie et qui remplissait l'Église, par deux hommes choisis parmi les plus édifiants de la paroisse. A chaque station le R. P. dit de courtes considérations qui impressionnent vivement l'auditoire. La cérémonie se termine par le chant du *Te Deum* suivi de la bénédiction du Très-Saint-Sacrement. Tous les prêtres de la paroisse étaient présents et ont signé le présent procès-verbal.

Fait et arrêté aujourd'hui 16 mars 1884.

> Staub, Méchineau, curé-archiprêtre de Notre-Dame, Pineau, Charbonneau, Deval, Meunier.

P.-S. — Le nouveau Chemin de Croix est dû à la pieuse générosité de Madame Veuve Chabot de Péchebrun. Il avait été peint par des artistes distingués de la maison Lemoine de Nantes et payé 1,350 francs.

Ordonnance
de Monseigneur l'Évêque de Luçon
du 23 Mars 1885

Monseigneur l'Évêque de Luçon dans une Ordonnance aux Conseils de Fabrique, exige qu'à partir de l'année 1886, le vingtième du produit des bancs, chaises et places dans toutes les Églises de son Diocèse sera prélevé en faveur de la Caisse de Secours des Prêtres âgés ou infirmes. Malgré l'état précaire de ses finances, ainsi privée d'un revenu annuel de 400 francs, la Fabrique est heureuse de coopérer à l'acte d'humanité de Sa Grandeur.

Vente des vieilles Orgues

Le 2 janvier 1887, M. le Curé expose au Conseil que
la tribune étant trop exiguë pour y placer chanteurs
et chanteuses, il serait peut-être nécessaire de sup-
primer les vieilles orgues hors de service et de les
céder aux meilleures conditions. M. le Trésorier est
chargé de cette opération. Il s'adresse à M. Debierre,
facteur d'orgues à Nantes, et les lui vend pour la
somme de huit cents francs. Le Conseil de Fabrique à
l'unanimité approuve la cession faite par M. le
Trésorier.

Madame de Mouillebert, née Desvantes, par son
testament en date du 7 avril 1872, déposé en l'étude
de Mᵉ Bonnaud, notaire à Fontenay-le-Comte, donne
sans désignation d'Église particulière, la somme de
2,000 francs, à condition d'une messe dite chaque
année pour le repos de son âme. Ses héritiers, pour
se conformer à son désir, partagent ce capital entre
Notre-Dame de Fontenay et l'Église Saint-Remy de
Pissotte, commune dans laquelle était située sa
propriété du Poyron.

Le 11 mai 1888, le Président du Conseil de Fabrique
lui fait part d'un legs fait par Mademoiselle de Gentet
de la Chesnelière. Par son testament olographe en
date du 20 juin 1881, déposé en l'étude de Mᵉ Daniel-
Lacombe, notaire à Fontenay, elle donne au Curé de
la paroisse Notre-Dame une rente annuelle de 105 fr.,

et charge son héritier, M. Augier de la Jallet, de l'assurer, afin que chaque année une messe pour le repos de son âme soit célébrée toutes les semaines à partir du 18 février qui suivra son décès.

Inauguration des grandes Orgues

Comme il a été dit ci-dessus, la tribune destinée à l'installation des grandes orgues manquait d'ampleur pour les recevoir ainsi que le personnel des chanteurs ; il était d'une absolue nécessité d'en construire une plus vaste.

Dieu inspira à deux âmes pieuses de venir en aide à la Fabrique, dépourvue de ressources. Madame Veuve Etienne Robert du Botneau, née Eugénie Bréchard, mit à la disposition de la Fabrique la somme de 18.000 francs, pour acquérir des grandes orgues ; Madame Veuve Chabot de Péchebrun, celle de 4,000 francs, pour édifier une tribune spacieuse. La Fabrique et les Paroissiens adressèrent à ces chrétiennes généreuses l'expression de leur respectueuse reconnaissance.

M. Octave de Rochebrune, toujours dévoué à l'Église Notre-Dame, consentit à préparer un plan. Afin d'éviter le développement d'une construction trop massive, il imagina deux pans coupés d'un aspect gracieux. Inutile d'ajouter que ce plan fut adopté et accompagné des félicitations et des remerciements du Conseil de Fabrique. Les travaux commencèrent aussitôt sous la direction de MM. Courtière frères, entrepreneurs de maçonnerie, de M. Taffary, ébéniste. Dans la première pierre posée fut enfermé un parchemin relatant les noms de Monseigneur l'Évêque, des Prêtres de la paroisse, des Membres de la Fabrique, des principaux assistants.

M. le Trésorier de la Fabrique, ayant été en relations avec M. Debierre, se rendit à Nantes afin de conférer avec lui au sujet de l'acquisition projetée. Le choix fut fait d'un instrument système électrique se composant de 22 jeux, 1,122 tuyaux répartis sur trois claviers avec neuf pédales de combinaison.

Avec l'assurance de posséder des grandes orgues, M. le Trésorier dut se préoccuper de trouver un organiste. Il part pour Paris et après plusieurs démarches infructueuses, il s'adresse à M. Lefèvre, Directeur de l'Ecole de Musique religieuse. Celui-ci propose l'un de ses meilleurs élèves, M. Paul Grouanne, désireux de se créer une position. Il accepte les propositions de M. le Trésorier et arrive promptement à Fontenay.

Le jeudi 15 février 1890 a lieu l'inauguration solennelle des grandes orgues sous la présidence de Monseigneur Catteau, Évêque de Luçon. Les Membres du Jury de réception étaient MM. Lefèvre, Directeur de l'Ecole de Musique religieuse de Paris ; Tolbecque, Violoncelliste à Niort ; Wagner, Organiste de l'Église Saint-Clément de Nantes.

M. Robert du Botneau, Curé-Archiprêtre de Notre-Dame du Bon-Port des Sables-d'Olonne, était tout indiqué par sa proche parenté avec la bienfaitrice pour prendre la parole dans cette fête ; son discours inspiré par l'amour de Dieu et de la famille produisit une impression d'émotionnante sensibilité sur tous les cœurs. Il avait pris pour sujet : « L'influence des chants sacrés dans l'exercice de la piété. »

Programme

de la cérémonie du 13 Février 1890

PREMIÈRE PARTIE

Messe solennelle.
Bénédiction des orgues par Monseigneur Catteau.
Entrée de chœur par M. Grouanne.
Messe de Sainte-Cécile, 50 choristes (Gounod).
Officiant, M. Giraud, Grand Vicaire du Diocèse.
Allocution de M. l'Archiprêtre des Sables-d'Olonne.
Offertoire exécuté par M. Wagner.
Prière exécutée par M. Tolbecque, Violoncelliste.
Morceau d'Orgue. — Sortie.

DEUXIÈME PARTIE

Vêpres.
Audition des orgues.
Psaumes à quatre voix ; versets par les orgues.
Andante par M. Tolbecque (Huck).
Bénédiction du Très Saint Sacrement.
O salutaris *(Lefèvre).* — Ave Maria *(Missé).*
Pro Pontifice *("").* — Tantum ergo *(Loret).*
Laudate Dominum, *chœur.*
Morceau d'orgue. — Sortie.

Dans ce jour de fête l'Église était trop petite pour contenir tous les assistants. Les chaises du chœur et des nefs latérales étaient louées dès la veille. Une quête abondante fut faite en faveur de l'installation des orgues. Chacun désirait entendre cet instrument magnifique destiné à chanter les louanges de Dieu. Le programme ci-dessus donnait aussi l'espérance d'écouter les mélodies d'un violoncelliste distingué, et les brillantes improvisations des organistes.

Une réception de Monseigneur l'Évêque, de son Grand Vicaire, des Prêtres de la paroisse et des artistes eut lieu dans la soirée chez M. Robert du Botneau, Trésorier de la Fabrique.

Les nouvelles Sacristies

L'année 1890 est à signaler par les nombreux dons faits à l'Église Notre-Dame. Après ceux de la tribune et des grandes orgues, Mme veuve Evariste Bernard, née Lydie Robert du Botneau, propriétaire à Fontenay-le-Comte, par un acte en présence de témoins, en date du 25 septembre 1890, au rapport de Me Clais, notaire en cette ville, fait donation entre vifs à la Fabrique de Notre-Dame, pour en jouir à perpétuité, d'une maison sise près de l'Église, portant les numéros 915, 916, 917, 923 partie de la section H du plan cadastral, et située à Fontenay, dans un passage conduisant de la rue du Pont-aux-Chèvres à la Grande-Rue. Après les formalités administratives remplies, le

Conseil de Fabrique accepte cette donation avec la plus vive reconnaissance.

Madame Evariste Bernard rêvait la restauration entière de l'Église Notre-Dame ; elle avait compris la nécessité de reculer les sacristies en dehors du Saint Lieu pour permettre de rétablir les trois chapelles de l'abside et d'ouvrir les grandes fenêtres qui éclairent le fond du monument. Aussi dans ce but était-elle disposée à donner des preuves de sa générosité bien connue et appréciée.

La Statue de l'Archange Saint Michel

Dans cette même année 1890, M. Daniel-Lacombe président du Conseil de Fabrique offrit à l'Église la statue de l'archange Saint Michel terrassant le démon. Elle est placée à droite près du pilier le plus rapproché de l'horloge. Posée sur un socle à six faces, surmonté d'une colonne ronde de trois mètres de hauteur couronnée par une frise, elle produit le meilleur effet et mérite les remerciements de la Fabrique à son Président.

On lit sur trois écussons peints en bleu :

Qui se exaltat humilabitur (Celui qui s'élève sera abaissé) Luc 18.

Ascendam et similis ero Altissimo (Je m'élèverai et serai l'égal du Très-Haut) V.

Quis ut Deus (Qui est semblable à Dieu).

Plan dressé par M. O. de Rochebrune.

Dans sa séance du 5 octobre 1890, le Conseil de Fabrique autorise son Trésorier à vendre, aux meilleures conditions, l'harmonium acheté pour remplacer provisoirement les anciennes orgues.

Situation financière de la Fabrique en 1890

En l'année 1883, la location des chaises volantes en l'Eglise avait été concédée à des particuliers par adjudication publique. La dernière concessionnaire passait bail à cette époque moyennant une redevance annuelle de 3.510 francs. Mademoiselle Julie Chaigne et ses parents accordaient en outre toutes garanties hypothécaires sur leurs biens. La régularité des paiements fut parfaite jusqu'à la dernière année, mais malgré toutes les précautions prises par la Fabrique et pour des causes qu'il serait trop long d'énumérer, il résulta d'un procès de carence et d'un commandement dressés et faits par Mᵉ Guitton, huissier à Fontenay-le-Comte, que Mademoiselle Chaigne était devenue insolvable et laissait un déficit de 2,202 francs au détriment de la Fabrique.

Une autre cause d'embarras était la dette des particuliers qui avaient acheté à la Fabrique des cierges pour les inhumations et pour les services funèbres; un grand nombre restaient dus pour cause de revers de fortune, de départ ou de misère. Les réglements avec le cirier n'avaient pas été faits en temps opportun par les employés de l'Église, la dette s'était considérablement accrue de manière à laisser un restant dû s'élevant à 1,886 francs 86 centimes.

A ces causes d'embarras nous devons ajouter les annuités de l'emprunt contracté pour la reconstruction du presbytère. Le Conseil de Fabrique, consulté sur les moyens de parer à cette délicate situation, fut d'avis d'abord de contracter un second emprunt de 13,000 francs, mais après un exposé de M. le Trésorier duquel il résultait qu'au moyen d'une sage économie les excédents des recettes sur les dépenses pouvant être évalués à 800 francs par an, permettaient de se libérer de l'arriéré ; et que contracter une nouvelle charge rendrait impossible la restauration projetée de l'Église et perpétuerait une grave situation pendant trente années. Le Conseil de Fabrique, appréciant les observations de son Trésorier, renonça à son projet d'emprunt.

Nomination de M. Octave de Rochebrune comme Président du Conseil de Fabrique

M. Daniel-Lacombe, président du Conseil de Fabrique, étant décédé dans le mois de novembre 1891, est aussitôt remplacé par M. Octave de Rochebrune. Celui-ci remercie ses collègues et s'exprime ainsi qu'il suit sur son prédécesseur :

« Les Membres du Conseil de Fabrique désirent

» conserver dans leurs archives le souvenir des senti-
» ments de douloureuse sympathie qu'ils ont éprouvé
» en apprenant la mort de leur regretté Président,
» M. Joseph-Flavien Daniel-Lacombe. Depuis plus de
» vingt ans qu'il occupait ces fonctions nous l'avions
» toujours trouvé d'un dévouement à toute épreuve
» et d'une rare habileté dans la gestion des affaires
» confiées à ses soins. Homme de bien dans la plus
» large acception du mot, chrétien fervent et géné-
» reux, il s'est toujours vivement intéressé à toutes
» les œuvres congréganistes de la cité. C'est avec un
» sentiment d'émotion pénible et de regrets durables
» que nous inscrivons ici ces lignes à la mémoire du
» collègue absent pour toujours. Elles y resteront
» comme un témoignage ineffaçable destiné à perpé-
» tuer parmi nous la tradition de ses nobles qualités. »

Décès de M. Auguste Méchineau

(29 novembre 1891)

Le 29 novembre 1891, M. l'abbé Auguste Méchineau
atteint d'une pneumonie rend son âme à Dieu dans
ce Presbytère construit sous son administration.
Voyant venir la mort il accepte cette dernière épreuve
avec sérénité et fait l'admiration de tous ceux qui
l'entouraient. Pendant la durée de ses fonctions,
il fut toujours bienveillant pour ceux qui l'appro-
chaient et très charitable pour les pauvres. Une

nombreuse assistance l'accompagna jusqu'au cimetière de Notre-Dame dans lequel il repose en paix.

Fondations de Messes

Remboursement de Rentes

(1871-1891)

8 Mars 1874. Don de 3,000 francs par M. Alcide Petit-Duvignaud, à charge d'un service annuel pour lui et sa famille.

7 Juillet 1878. Don de Mademoiselle Henriette Vinet, 1,000 francs avec charge de messes. Cette somme est augmentée de celle de 2,000 francs par ses héritiers, M. Alexis Mignon et son épouse, née Vinet.

1er Octobre 1882. Remboursement de la rente annuelle de 16 francs 79 centimes due par M. Bineau.

17 Janvier 1887. Legs de 1,000 francs par Madame de Mouillebert, née Desvantes, à condition de messes.

2 Juillet 1888. Legs de Mademoiselle de Gentet de la Chesnelière, rente annuelle de 105 francs à charge de messes.

Liste des Membres du Conseil de Fabrique

(1871-1891)

Présidents : MM. Daniel-Lacombe et Octave de Rochebrune.

Maires (successivement en fonctions) : MM. Octave de Rochebrune, Ernest Espierre, Marcellin Mercier,

Octave de Rochebrune, Marcellin Mercier, Ernest Espierre, Gaston Guillemet, Arsène Charrier, Alfred Rousse, Arsène Charrier, Théophile Moussaud.

Secrétaires : MM. Bréchard, Martial Joffrion.

Trésoriers : MM. Paul Rousse, Ernest Robert du Botneau.

Membres : MM. Levesque, Paul Rousse, Robert du Botneau, Daniel-Lacombe, Martial Joffrion, Chabot de Péchebrun père, Vallette, O. de Rochebrune, J. Chabot de Péchebrun, Bréchard, A. de Fontaines, Mercier, Lepelletier d'Angoville, Pichard du Page, Michaud, Crouzat, Pichard de la Caillère père, Hervineau, Delacour, Méchain, Clais.

Entre le décès de M. le Curé Méchineau et l'installation de M. Hupé, M. l'abbé Charbonneau, premier vicaire de la Paroisse, est chargé de l'administration de Notre-Dame. Le 24 Avril 1892, M. Hupé informe le Conseil de Fabrique de sa nomination aux fonctions de Curé de Notre-Dame de Fontenay-le-Comte et de son installation fixée au 8 mai de la même année.

Installation de M. l'Abbé Pierre Hupé
comme Curé-Archiprêtre
de Notre-Dame (1892-1903)

Procès-Verbal d'installation

« Le Bureau de la Fabrique de l'Église Notre-Dame
» de Fontenay-le-Comte, réuni au Presbytère, lieu

» ordinaire de ses séances, pour constater, conformé-
» ment à l'ordonnance royale du 13 mars 1852, la date
» de l'entrée en fonctions de M. l'abbé Pierre Hupé,
» né à Cugand (Vendée), nommé Curé de la dite
» Paroisse,

» Certifie que ledit Monsieur Pierre Hupé est entré
» en fonctions en qualité de Curé le 8 mai 1892, et
» arrête que deux expéditions du présent procès-ver-
» bal seront immédiatement adressées par les soins
» de M. le Curé à Monseigneur l'Évêque et une autre
» à M. le Préfet de la Vendée.

» A Fontenay-le-Comte, le 8 mai 1892.

» Ont signé : Maichain, Hervineau, E. Robert du
» Botneau. »

Dans sa séance du 21 août 1892, M. le Président du
Conseil de Fabrique donne lecture d'une lettre de M.
le Maire de la ville de Fontenay-le-Comte, dans
laquelle il demande des explications complémentaires
sur le compte de l'année 1891 et des modifications au
budget de l'année 1893. Trouvant qu'il outrepassait
ses droits de simple contrôle, le Conseil de Fabrique
adresse la réponse suivante à Monsieur le Maire qui
lui avait renvoyé ses comptes et budgets :

« Monsieur le Maire,

» En réponse à votre lettre du 9 août 1892, j'ai
» l'honneur de porter à votre connaissance que l'ar-
» ticle 70, paragraphe 5, de la loi du 5 avril 1884,
» donne uniquement aux Conseils municipaux le droit
» d'émettre un simple avis sur la situation des

» comptes et budgets des Conseils de Fabrique, mais
» ne leur confère pas la faculté de faire modifier à
» leur gré les divers articles de ces budgets.

» Nous ne saurions donc admettre de semblables
» prétentions, attendu qu'elles sont contraires à la
» loi citée plus haut et aux instructions du Ministre
» de l'Intérieur dans sa circulaire du 15 mai 1884.

» Nous nous voyons dans la nécessité de vous
» retourner nos comptes et budgets que nous avons
» dressés avec la plus stricte économie et dans la
» limite de nos droits. »

Madame Robert du Botneau fait don à l'Église de
lampes d'éclairage. Le Conseil l'en remercie.

Passerelle des nouvelles Sacristies à l'Église

Comme nous l'avons dit précédemment, en l'année
1890, Madame Évariste Bernard, dans le but de faciliter
la restauration de l'Église avait fait don à la Fabrique
d'une maison destinée à y installer des sacristies ;
mais cet immeuble était distant de l'abside de
1 mètre 25 centimètres. Pour en faire l'usage projeté
il était indispensable de créer une passerelle en bois
et en briques. L'autorisation du Conseil municipal
étant parvenue à la Fabrique en mai 1892, les travaux
commencèrent aussitôt pour se terminer à la satisfaction générale.

Dons à la Fabrique par les héritiers de M. Raymond Chabot de Péchebrun

N'ayant pas assisté par convenance et délicatesse aux délibérations du Conseil de Fabrique en date du 8 janvier 1893, et 12 février de la même année, nous mentionnerons qu'il y fut délibéré sur les clauses d'un prétendu testament de M. Raymond Chabot de Péchebrun, décédé à Fontenay-le-Comte, le 29 novembre 1891, avec lequel nous unissaient des liens de proche parenté. L'importance du legs à la Fabrique était de 140,000 francs attribués à la restauration de l'Église. Après en avoir délibéré le Conseil déclara que le monument appartenant à la Ville, elle seule avait le droit de réclamer cette somme.

Néanmoins les héritiers de M. Raymond Chabot de Péchebrun, Madame E. Robert du Botneau et M. Paul Perreau, tenant compte des intentions généreuses de leur neveu, donnèrent 25,000 francs spécialement affectés aux travaux de reconstruction de l'Église. Madame E. Robert du Botneau augmenta sa part de libéralité de la somme de 12,500 francs et plus tard, lors de la souscription publique elle s'inscrivit pour celle de 10.000 francs.

En outre, les héritiers de M. Raymond Chabot de Péchebrun versèrent à la Fabrique la somme de 5,000 francs pour fondation d'un service annuel pour le repos de l'âme de leur neveu et donnèrent 100,000 francs au Bureau de bienfaisance de la ville de Fontenay-le-Comte.

« Dans sa séance du 9 avril 1893, M. le Président
» donne lecture au Conseil d'une lettre de M. Robert
» du Botneau, par laquelle il donne sa démission de
» Trésorier de la Fabrique. Monsieur le Président et
» tous ses collègues insistent auprès de M. Robert du
» Botneau pour le faire revenir sur sa détermination,
» et sur son refus formel de remplir à l'avenir les
» fonctions de Trésorier, le Conseil lui témoigne tous
» ses regrets, en le remerçiant d'avoir si bien géré
» pendant 25 ans, les finances de la Fabrique. »

(Extrait du compte rendu de la séance du 9 avril
1893). Secrétaire, M. Martial Joffrion.

Le 7 janvier 1894, la fourniture des cierges
nécessaires aux cérémonies religieuses est partagée
entre deux commerçants Messieurs Neau-Joullot, de
Fontenay-le-Comte, et Epron, de Luçon.

Dans la même séance, appelé à délibérer sur une
loi nouvelle concernant la comptabilité des Fabriques,
le Conseil proteste dans les termes suivants : « Les
membres du Conseil de Fabrique, à l'unanimité
protestent énergiquement contre le Décret du 27 mars
1893 portant réglementation d'administration publique
sur la comptabilité des Fabriques et contre l'instruc-
tion ministérielle en date du 15 décembre 1893, les
considérant comme iniques et attentatoires aux
libertés de l'Église catholique. »

Le 1er mars 1894, M. Maichain, notaire à Fontenay-le-Comte, membre du Conseil de Fabrique, succède comme Trésorier à M. Robert du Botneau, démissionnaire.

Dans la séance extraordinaire du 4 mars 1894, le Conseil est appelé à choisir quatre régisseurs pour l'administration journalière de la Fabrique. Cette mesure était d'autant plus nécessaire que depuis la modification apportée à la location des chaises, mises en régie, la connaissance des abus signalés sur la vente des cierges, il devenait indispensable d'avoir des agents responsables des opérations ci-dessus signalées :

Le Conseil, après en avoir délibéré, désigne :

1º M. le Curé de la paroisse pour les menues dépenses ;

2º M. Vrignaud, second vicaire, pour les inhumations ;

3º M. Maximin Marchais, sacristain, pour l'encaissement du prix de location des chaises fixes ;

4º M. Hussaud, pour l'exploitation en régie des chaises volantes, des chaises louées à l'année et du brancard pour les services funèbres.

Le 7 octobre 1894, M. Robert du Botneau propose au Conseil d'employer la somme de 374 fr. 25 centimes inscrite au budget supplémentaire de 1893 aux réparations suivantes :

1° Réfection du dallage extérieur des entrées principales de l'Église ;

2° Consolidation des grilles qui entourent le monument. Ces propositions sont acceptées, et sur la demande de la Fabrique, le Conseil municipal consent à faire remanier le pavage du contour de l'église.

Le 6 janvier 1895, une mesure d'ordre intérieur est prise en considération par le Conseil. Les chantres, le sacristain, les suisses, les sonneurs seront soumis désormais à un règlement concernant leurs fonctions.

Le 21 avril 1895, M. le Trésorier présente à la Fabrique le résultat du compte de l'année 1894, il se solde par un boni de 2,362 fr. 50 centimes. Le Conseil, appelé à délibérer sur l'emploi de ladite somme, décide qu'elle sera répartie ainsi qu'il suit :

1° Établissement d'un tuyau de descente des eaux pluviales, destiné à remplacer la gargouille du clocher.................................... 110 »»

2° Réfection des scellements et consolidation des grilles placées entre les contreforts de l'Église .... 400 »»

3° Réparations urgentes au Presbytère.. 900 »»

4° Ameublement des nouvelles sacristies. 500 »»

5° Installation d'un appareil de chauffage (sacristie) .... 300 »»

6° Réparations à la toiture de l'Église ... 152 50

TOTAL ÉGAL................ 2.362 50

Le 21 avril 1895, M. le Trésorier communique au Conseil un projet de convention avec les héritiers de M. Raymond Chabot de Péchebrun, sur l'emploi des 5,000 francs donnés par eux pour la célébration d'un service religieux pour le repos de l'âme du défunt. Le Conseil approuve et reconnaît que l'écrit qualifié du nom de testament sera regardé à tout jamais comme nul et sans effet, de la part de la Fabrique.

Extrait du procès-verbal de la séance du 21 avril 1895 .

M. Robert du Botneau fait part ensuite au Conseil des intentions de Mme Ernest Robert du Botneau, relativement à la restauration de l'Église. Mme Robert du Botneau prendrait l'engagement de donner à la Fabrique la somme de 12,500 francs, à la condition que cette somme serait employée pour des réparations sérieuses à faire à l'Église Notre-Dame, et affectée spécialement, soit à la réfection de la toiture de l'Église, soit à celle des voûtes. Le Conseil adresse tous ses remerciements à Mme Robert du Botneau pour sa générosité, et prie M. Robert du Botneau de vouloir bien les lui transmettre, renvoie à la prochaine session pour se prononcer sur ce qu'il y aurait à faire afin d'entrer dans les vues de la donatrice.

Délibération du 6 octobre 1895

Le Conseil de Fabrique décide à l'unanimité qu'une nouvelle tenue sera donnée aux Suisses de l'Église, l'habit actuel sera remplacé par un uniforme de rigueur dans toutes les cérémonies.

~~~~~~~~~

Séance du 5 janvier 1896

M. le Curé demande au Conseil l'installation d'un coffre-fort dans l'épaisseur du mur séparant les anciennes sacristies des chapelles absidiales afin d'y mettre les vases sacrés en sûreté.

Le Conseil approuve cette précaution.

~~~~~~~~~

Préliminaires de la restauration
de l'Église Notre-Dame
Séance du 5 juillet 1896

Comme nous l'avons relaté précédemment dans de nombreuses délibérations, et sans entrer dans les détails financiers, nous rappelons que pendant leur longue administration, MM. Ferchaud et Méchineau s'étaient attachés à améliorer l'ornementation intérieure de l'Église Notre-Dame. Des réparations sommaires avaient été faites pour empêcher la ruine de l'extérieur du monument. Le Conseil de Fabrique avait signalé à l'Administration des Beaux-Arts l'urgence de travaux importants ; mais ils avaient toujours été retardés par l'insuffisance de ressources. Les dons considérables faits à l'Église dans le but précis d'une restauration amenèrent les architectes de l'État à se préoccuper du grand désir des Catholiques. Le Conseil municipal lui-même vota un commencement de subvention. M. Magne, inspecteur des monuments historiques, et M. Deverin, architecte ordinaire, arrivèrent dans notre ville. Pendant trois jours ces Messieurs inspectèrent l'Église en détail. A leur retour à Paris, ils dressèrent un plan d'ensemble de restauration. Il comprenait la construction de la voûte de la grande nef, la réfection de la flèche, des chapelles absidiales, l'établissement d'une nouvelle toiture. Le devis de la dépense s'élevait à 99,610 francs 12 centimes. Or, toutes les sommes recueillies de diverses provenances étaient de 80,699 francs 18 centimes. Une demande de secours au Ministère des Cultes provoqua une réponse négative basée sur la modicité des crédits ouverts pour aider les communes dans leurs réparations. Il fallait cependant combler la différence entre le montant du devis et les sommes acquises, soit 18,910 francs 94 centimes. La Fabrique augmenta son emprunt de 3,000 francs, et décida qu'elle implorerait la générosité des âmes charitables de la paroisse. Ce ne fut pas en vain. Dans l'espace de quinze jours, M. l'Archiprêtre Hupé, accompagné par M. Robert du Boineau, se présentait au domicile des meilleurs et désintéressés chrétiens favorisés par la fortune, et recueillait 27,755 francs 80 centimes.

La question des ressources nécessaires au commencement des travaux étant résolue, le 6 janvier 1899 M. le Maire prévient le Conseil de fabrique que l'adjudication de l'entreprise sera prochaine. Celui-ci émit le vœu qu'il soit inséré dans le cahier de charges que l'adjudicataire sera responsable de tous les accidents aux personnes et aux biens dans le cours des travaux. De son côté, la Fabrique, entrant dans cet ordre d'idées, ne resta pas inactive. Le pauvre Samson, fatigué de porter sur ses épaules la Chaire de Vérité, eut la surprise de se mettre en marche pour laisser place à un long mât; le Christ et la Croix qui lui font face furent transférés sur les bas-côtés; les tableaux du chœur et la précieuse toile de Robert Lefèvre furent mis en lieu sûr. Enfin le principal autel fut revêtu d'un manteau protecteur en planches, et les orgues couvertes d'une toile gommée. Alors surgissent de terre de nombreux sapins reliés entre eux par des traverses destinées à porter les équipes d'ouvriers.

Décès de M. Octave de Rochebrune
Président du Conseil de Fabrique

Le 7 octobre 1900, le Conseil de Fabrique apprend avec regret le décès de son Président, M. Octave de Rochebrune.

Si une vie fut bien remplie, c'est certainement la sienne. D'une éducation distinguée, de relations sociales les plus agréables, il sut profiter des heureux dons qui lui avaient été attribués par Dieu, pour mettre sa haute intelligence et son talent au service de ses concitoyens, de cette Église qu'il aimait et qu'il a embellie de ses nombreux travaux.

Nomination de M. Ernest Robert du Botneau comme Président du Conseil de Fabrique

Dans sa séance du 14 avril 1901, le Conseil de Fabrique est appelé à nommer un Président en remplacement du regretté M. Octave de Rochebrune. Il choisit M. Ernest Robert du Botneau. Profondément ému du vote de ses collègues, le nouveau Président leur adresse ses remerciements, et redoute la charge qui lui incombe en présence des travaux entrepris et des lois préparées contre les établissements religieux.

Le 3 novembre 1901, M. le Préfet de la Vendée signale à Monseigneur de Luçon un legs fait par Madame Noémie Descubes, de son vivant Supérieure de l'Hospice de Fontenay. Parmi les dispositions de son testament olographe du 22 janvier 1899, déposé en l'étude de M⁰ Clais, notaire à Fontenay-le-Comte, elle fonde à perpétuité douze Messes par an pour le repos de son âme ; le Conseil délibère sur ce legs et décide que ces Messes doivent être attribuées à la Chapelle de l'Hospice que la défunte Supérieure avait l'intention de favoriser.

Le 16 mars 1902, sur le refus du Crédit Foncier et de la Caisse Nationale des Retraites pour la Vieillesse de lui prêter la somme de 13,200 francs, la Fabrique, après autorisation administrative, s'adresse aux particuliers avec promesse d'intérêts ne dépassant pas quatre pour cent.

Le Retable

Dans ses séances du 5 octobre 1902 et du 4 janvier 1903, le Conseil de Fabrique se préoccupe de l'enlèvement du retable construit sous l'administration de M. Hugueteau de la Martinière, curé de Notre-Dame de 1707 à 1729, aux frais de sa paroissienne, Mlle Brisson. Cette disparition eût permis l'ouverture des grandes baies du fond de l'Église, leur harmonie avec les autres fenêtres au moyen de verrières, la jouissance pour les Fidèles des Chapelles rayonnantes, anciennement sacristies. M. Deverin, consulté à cet égard et sur la demande du Ministre, envoya un croquis sommaire et un aperçu très approximatif de la dépense, s'élevant à 64,500 francs.

La Fabrique, déjà très chargée par les sacrifices que lui imposaient les travaux en cours, craignant de détruire une ornementation appréciée par M. Magne, inspecteur des Monuments historiques, abandonna ce projet, espérant que dans l'avenir il serait réalisé par des Catholiques généreux.

Dans la délibération du 19 avril 1903, M. le Président informe le Conseil de Fabrique d'un legs de 1,000 francs fait par Mademoiselle Thibaudeau, sans fondation de Messes. La testatrice attribue cette somme à la reconstruction du Maître-Autel. Après en avoir délibéré, le Conseil est d'avis d'accepter ce legs.

Démission de M. l'Abbé Pierre Hupé, Curé de Notre-Dame

M. l'abbé Hupé, Curé de la Paroisse Notre-Dame, n'eut pas la satisfaction de voir achever l'œuvre de restauration de l'Église. Fatigué par les occupations journalières de son ministère, il offrit sa démission à Monseigneur l'Évêque ; elle fut acceptée et il se retira à Luçon où il reçut le titre de Chanoine titulaire de la Cathédrale. Ses Paroissiens gardèrent un souvenir précieux de son dévouement et de ses vertus.

Fondations de Messes — Legs
(1891-1903)

Héritiers Chabot de Péchebrun (Raymond), un service annuel . . . . 5,000 francs.

Legs Meunier . . . . 1,000 francs.

Legs de Mademoiselle Thibaudeau . . 1,000 francs.

Liste des Membres du Conseil de Fabrique
(1891-1903)

Présidents : MM. Daniel-Lacombe, Octave de Rochebrune, E. Robert du Botneau.

Maires : MM. Alfred Rousse, Charrier, Moussaud et Raoul Gandriau.

Membres : MM. Daniel-Lacombe, P. Rousse, Vallette, O. de Rochebrune, Levesque, Martial

Joffrion, E. Robert du Botneau, E. Bréchard, Chabot
de Péchebrun, Lepeltier, Arthur de Fontaines, Pichard
du Page, Michau, Crouzat, Hervineau, Pichard de la
Caillère père, Maichain, Delacour, Clais, Coutansais,
Comte de Larocque-Latour, Gustave du Temps, Henri
Coussot.

Installation de M. l'Abbé Pierre Chevalier
comme
Curé-Archiprêtre de Notre-Dame (1903)

Procès-verbal d'installation

Le Bureau des Marguilliers de la Fabrique de
l'Église Notre-Dame, réuni au Presbytère, lieu ordinaire de ses séances, pour constater, conformément
à l'ordonnance royale du 13 mars 1832, la date de
l'entrée en fonctions de M. l'abbé Pierre Chevalier,
né le 3 août 1846, commune de La Verrie, canton de
Mortagne-sur-Sèvre, nommé Curé-Archiprêtre de la
Paroisse,

Certifie que ledit M. Pierre Chevalier y est entré en
fonctions, en qualité de Curé-Archiprêtre, le 21 juin
1903, et arrête qu'il sera dressé trois expéditions du
présent procès-verbal dont deux seront immédiatement transmises par les soins de M. le Curé à Monseigneur l'Évêque, et une à M. le Préfet de la Vendée.

A Fontenay-le-Comte, le 21 juin 1903.

P. Chevalier, E. Robert du Botneau, Hervineau.

Après la cérémonie de l'installation, M. l'Archiprêtre
reçoit les compliments des membres du Conseil de

Fabrique. Le Président lui exprime les sentiments de respectueuse sympathie de ses paroissiens.

Dans la réunion du 11 octobre 1903, M. l'Archiprêtre apprend au Conseil la nomination par Monseigneur d'un quatrième vicaire, affecté à la paroisse Notre-Dame et à l'aumônerie du Collège communal. Il recevra de la ville un traitement annuel de 600 francs. L'arrivée de ce nouveau prêtre et le changement d'occupant du presbytère nécessiteront quelques dépenses autorisées par le Conseil de Fabrique.

M. le Curé a le plus grand désir de voir l'Église débarrassée des échafaudages qui l'encombrent. Le Conseil, considérant que M. l'architecte a donné l'assurance que tout serait remis en état dans un bref délai, qu'il ne serait plus rien demandé à la Fabrique, vote la somme de 4.063 fr. 94 centimes pour fin de toute subvention, et exige que tous les engagements pris soient exécutés.

Le 10 avril 1904, M. le Curé propose d'acquérir les bancs de la Chapelle des Frères de la Doctrine Chrétienne, expulsés de leur établissement, afin de les placer dans le chœur de l'Église. Cet achat est approuvé par le Conseil.

Le 30 avril 1905, M. le Président lit au Conseil une lettre qui lui est adressée par M. R. Gandriau, maire de Fontenay-le-Comte ; elle est ainsi conçue :

« Monsieur le Président,

» En vue de me permettre d'examiner utilement dans
» quelle mesure pourrait être organisé le service
» extérieur des Pompes funèbres, j'ai l'honneur de vous
» prier de vouloir bien me donner le plus tôt qu'il vous
» sera possible, les renseignements suivants :

» 1° Nombre des brancards et des draps mortuaires
» possédés par la Fabrique pour le service extérieur.

» 2° Nombre des convois se servant du brancard au
» cours d'une année :

> » a) Payants.
> » b) Indigents.

» 3° Tarif pour prêt du brancard et du drap mortuaire.

» 4° Quel serait, le cas échéant, le prix moyennant
» lequel la Fabrique ferait remise à la Commune des
» brancards et draps mortuaires actuellement en
» usage ?

» Avec mes remerciements anticipés, Monsieur le
» Président, agréez l'assurance de ma considération
» très distinguée.

Le Maire, R. Gandriau.

Après lecture de la lettre ci-dessus, le Conseil de
Fabrique, à l'unanimité, prend la délibération suivante :

« Le Conseil de Fabrique, considérant que les
brancards, tentures, draps mortuaires ont été achetés
avec les deniers de la Fabrique, ou offerts par les
catholiques dont il doit respecter la pieuse libéralité ;

» Que leur emploi dans de nombreuses sépultures
leur donne un caractère sacré ;

» Considérant que la Société commerciale créée par la loi sur les Pompes funèbres, pour le transport des corps, perd ses droits à l'entrée de l'Église ;

» Considérant qu'il est nécessaire pour la Fabrique de posséder brancards, tentures et draps mortuaires,

» Décide qu'il n'y a pas lieu d'aliéner lesdits objets et d'en faire l'inventaire. »

Le 21 mai 1905, M. le Président du Conseil de Fabrique lui communique une lettre de M. le Maire de la ville de Fontenay, dans laquelle il réclame l'inventaire des meubles et objets d'art garnissant l'Église, selon le droit que lui attribuerait l'article 55 du décret du 30 décembre 1809.

« Monsieur le Président,

» J'ai l'honneur de vous accuser réception des
» comptes et budgets de la Fabrique, et de vous prier
» de vouloir bien m'adresser d'urgence, pour être joint
» au compte administratif, l'inventaire des meubles et
» objets d'art prescrit par l'article 55 du décret du 30
» décembre 1809.

» Veuillez agréer, Monsieur le Président, l'assurance
» de ma considération très distinguée. »

» *Le Maire*, R. Gandriau. »

Il ne faut voir dans cette demande que des précautions prises par l'État afin d'éviter les inventaires scandaleux qui seront faits prochainement dans toute la France, et d'empêcher les Fabriques de dissimuler leurs biens.

Après en avoir délibéré, le Conseil repousse la demande de M. le Maire par des attendus nombreux, parmi lesquels nous citerons seulement les suivants :

« Attendu que l'article 55 du décret du 30 décembre 1809 n'a ordonné la remise du double de cet inventaire qu'au curé ou desservant, qu'il n'en a pas prescrit la remise au Maire ;

» Attendu qu'aucune loi, aucun décret, n'a modifié sur ce point les dispositions de l'article 55, et qu'une circulaire ministérielle ne saurait restreindre les garanties et diminuer les droits conférés aux Fabriques par le décret fondamental du 30 décembre 1809 ;

» Considérant que ces investigations semblent, sans motifs, suspecter la probité et la loyauté des personnes chargées, par la loi même, de la gestion et de la conservation des biens des Fabriques,

» Décide qu'il n'y a pas lieu de remettre à M. le Maire de Fontenay-le-Comte la copie de l'inventaire dressé en vertu de l'article 55 du décret du 30 décembre 1809, et passe à l'ordre du jour. »

Dans les deux séances des 21 mai et 2 juillet 1905, le Conseil de Fabrique prend connaissance d'une longue correspondance avec l'autorité municipale, la Préfecture, l'Évêché, afin de savoir en quelle proportion reviendrait à chacun des intéressés une somme de 9.831 fr. 80 centimes reliquat de la dépense des travaux de l'Église. Le Conseil déclare que les explications contradictoires de l'administration et de l'architecte sont insuffisantes pour l'éclairer. En résumé, M. le Maire fait savoir que la somme de 9.831 fr. 80 centimes est un fonds de garantie déposé dans la Caisse municipale, et qu'il n'y a pas lieu à partage. Aussi, l'étonnement des membres du Conseil de Fabrique fut grand, après lecture d'une lettre de M. l'architecte Deverin.

Le 21 juin 1905, il explique que les travaux effectués s'élèvent à environ................... 163.133   53
Que les ressources diverses s'élèvent à 149.486   66

D'où un dépassement de.............. 13.646   87

Que le nouveau devis de 13.646 fr. 84 centimes, approuvé le 11 mai 1905, a été dressé pour couvrir ce dépassement.

Le Conseil, considérant qu'en votant, le 11 octobre 1903, la somme de 4.063 fr. 94 centimes, il a entendu faire un dernier sacrifice, solder les travaux, n'avoir plus aucune dépense à faire dans la suite;

Considérant, d'autre part, que les ressources de la Fabrique sont insuffisantes pour faire face à de nouvelles dépenses,

Refuse de voter la somme qui lui est demandée pour payer les travaux prévus par le devis du 11 mai 1905.

Le 1ᵉʳ octobre 1905, M. le Président fait part au Conseil de Fabrique du décès de son Trésorier, M. Maichain, notaire à Fontenay-le-Comte. Comme collègue, il avait avec tous les relations les plus agréables. Comme comptable, une expérience et une capacité très appréciées. Il fut remplacé, à l'unanimité des votants, par M. Gustave du Temps, dont les fonctions furent, hélas! de courte durée.

Protestation du Conseil de Fabrique contre le vote de la Loi de Séparation de l'Église et de l'État

Dans de nombreuses délibérations, entre autres celle du 30 avril 1905, le Conseil de Fabrique proteste énergiquement contre le vote prochain de la loi de séparation de l'Église et de l'État.

Il envisage la situation qui sera faite à la Fabrique, ayant géré en bon père de famille les ressources provenant de la libéralité des fidèles, contracté des emprunts, construit le Presbytère, procédé à la restauration de l'Église, laquelle sera privée de la jouissance gratuite de ces immeubles affectés au logement du Clergé et à l'exercice du Culte.

Malgré tous ces appels aux sentiments de justice, d'honnêteté des pouvoirs publics, cette loi de spoliation fut votée le 9 décembre 1905, et promulguée sans retard le 11 du même mois. Dans l'article 5, elle édictait un inventaire de tous les biens appartenant à l'Église ou à la Fabrique. Cette opération eut lieu le 23 janvier 1906 par le ministère de M. Privat, sous-inspecteur des Domaines à Fontenay-le-Comte. A la fin de ce travail, nous donnons *in-extenso* les protestations de M. l'Archiprêtre, de M. Robert du

Botneau, Président du Conseil de Fabrique, et la prisée de tous les biens, ventes, valeurs, objets, dont la Fabrique fut spoliée, dans l'espérance que le jour de la justice viendra réparer l'iniquité, rendre aux morts leurs prières, et aux présents les dépouilles des Catholiques de l'Église Notre-Dame.

Dernière séance du Conseil de Fabrique

(9 Décembre 1906)

Extrait du procès-verbal

M. le Trésorier soumet au Conseil le résultat des comptes de l'année 1905, clos et arrêtés le 8 décembre de ladite année.

Le Conseil, après vérification des pièces à l'appui, constate la régularité de ce compte et l'approuve :

Les recettes, tant ordinaires qu'extraordinaires, se sont élevées à la somme de........... 11.168   06

Les dépenses, tant ordinaires qu'extraordinaires, se sont élevées au chiffre de......................... 11.168   06

Reste en caisse : néant.

Etat des Dettes de la Fabrique

1° Emprunt de 1.600 francs, voté par la Fabrique le 24 avril 1892. Durée de l'emprunt : 30 ans, à 4.40 °/₀. Annuité : 93 francs.

2° Emprunt de 13.200 francs, fait à des particuliers, au taux de 3.75 °/₀ pendant 24 ans, au moyen de 24 bons au porteur de 550 francs l'un. Pour cause de paiements anticipés, il reste dû à ce jour un capital de 5.500 francs (Délibération de la Fabrique en date du 16 mars 1902. Autorisation en date du 25 juillet 1902).

M. le Président demande la **parole et s'exprime** en ces termes :

« Avant de se séparer, le Conseil de Fabrique de l'Église Notre-Dame de Fontenay-le-Comte offre à Sa Sainteté le Pape Pie X l'hommage de son respectueux dévouement et de son admiration. Il restera toujours le fidèle serviteur de Sa Grandeur Monseigneur l'Évêque de Luçon, et de son Clergé.

» C'est avec douleur qu'il constate que cette Église Notre-Dame, dont il gère les intérêts depuis bien des années, bâtie et restaurée par les Catholiques pour y exercer leur Culte, leur sera confisquée pour devenir peut-être un lieu de profanation et de scandale.

» Que le mobilier qu'il possède, grâce à la générosité des fidèles et à ses économies, sera dispersé par des mains sacrilèges.

» Qu'enfin il lui sera désormais impossible d'assurer les services religieux pour les défunts et leurs familles qui espèrent en Dieu, les rentes affectées à ces services étant devenues la proie des impies et des apostats.

» Par ces motifs, après en avoir délibéré :

» Le Conseil de Fabrique de Notre-Dame proteste contre les iniquités commises, réservant tous ses droits de propriété et les revendications des Catholiques dans l'avenir.

Alors le Président du Conseil de Fabrique, M. Robert du Botneau fait ses adieux à ses collègues.

« Messieurs et Chers Collègues,

» Le Conseil de Fabrique n'a que quelques heures » à vivre avant de se séparer; en son nom, j'adresse » à M. l'Archiprêtre l'assurance de notre respectueux » attachement.

» Messieurs, sans avoir l'intention de blesser votre » modestie, apanage des hommes dévoués, je peux » dire que vous avez rempli votre mandat avec » sagesse, prudence et fermeté. Que Dieu vous en » récompense! Votre Président conservera un précieux » souvenir de nos réunions cordiales, toujours » empreintes d'une vérirable fraternité chrétienne. »

Liste des Membres du Conseil de Fabrique

(1903-1905)

Président : M. Robert du Botneau

Secrétaire : M. Martial Joffrion.

Trésoriers : MM. Maichain et Gustave du Temps.

Maire : M. Mousseau et M. Raoul Gandriau (1).

Membres : MM. Chevalier, Archiprêtre, Curé de Notre-Dame, Clais, notaire, Poirier-Coutansais, R.

(1) MM. les maires se sont abstenus d'assister aux séances du Conseil de Fabrique depuis 1871.

Hervineau, commandant comte de Larocque-Latour, Maichain, Martial Joffrion, Gustave du Temps, Robert du Botneau, Henri Coussot, Palussière.

Etat de la Quête

faite par M. l'Archiprêtre et M. Robert du Botneau
en faveur de la restauration de l'Église Notre-Dame

M. Hupé, Archiprêtre..............	200 fr.	» »
Mᵐᵉ Robert du Botneau............	10.000	» »
M. Gustave du Temps..............	1.000	» »
Mˡˡᵉ Mosnay......................	100	» »
Mᵐᵉ Daniel-Lacombe..............	3.000	» »
Mˡˡᵉ Isabelle Pichard de la Caillère...	2.000	» »
Mˡˡᵉ Célie Brisson................	500	» »
Mᵐᵉ Pichard de la Caillère..........	200	» »
MM. de Rochebrune..............	200	» »
Mᵐᵉ Evariste Bernard..............	4.000	» »
Mˡˡᵉ Lériget......................	150	» »
Mˡˡᵉ Marie Vinet..................	1.000	» »
M. Martial Joffrion...............	1.000	» »
Mᵐᵉ veuve Charrier................	100	» »
Mᵐᵉˢ Clémenceau et Tonnet........	100	» »
M. de Virsay.....................	100	» »
Mᵐᵉˢ Rivalland et Baron-Latouche...	1.500	» »
Mᵐᵉ de Virsay mère...............	100	» »
M. Brisson......................	100	» »
M. Poirier-Coutansais.............	50	» »
M. Clais.......................	300	» »
M. Hervineau....................	300	» »
M. Maichain....................	200	» »
M. Coussot.....................	150	» »
A reporter...........	**26.350 fr.**	» »

Report......	26.350	fr.	»»
M. Mosnay..........	20		»»
Commandant Cte de Larocque-Latour.	1.000		»»
Mme Baron mère....................	100		»»
Anonyme.........................	285	fr.	81
Total..............	27.755	fr.	81

Dépense approximative de la restauration de l'Église Notre-Dame

Malgré nos actives démarches et recherches faites à la Mairie de Fontenay-le-Comte et à la Préfecture de la Vendée, toutes les pièces ayant été centralisées à Paris pour être soumises à la Cour des Comptes, il nous a été impossible de prendre connaissance des devis des pièces comptables de la restauration de l'Église Notre-Dame, des marchés conclus avec l'entrepreneur en date des 1er septembre 1899, 24 juillet 1902, 20 février 1905 et 5 octobre 1905; nous sommes donc obligés de nous en rapporter à une lettre de l'architecte, M. Deverin, en date du 21 juin 1905, estimant à 163,133 francs 53 centimes environ les dépenses des travaux exécutés :

Subvention de la ville de Fontenay..	14.700	fr.	»»
Souscriptions des Catholiques	27.755		81
Don des héritiers Raymond Chabot de Péchebrun......................	22.836		06
Subvention de la Fabrique....	32.963		94
Subvention du Ministre des Beaux-Arts...........................	64.877		72
Total égal.	163.133	fr.	53

Ce relevé de compte a pour but de prouver le magnifique élan des paroissiens et de la Fabrique Notre-Dame afin de coopérer à la restauration de leur Église. Néanmoins, nous devons constater avec regret que, malgré ces efforts de générosité, l'œuvre est restée inachevée. La voûte de la grande nef a été construite ; la toiture, surélevée à la hauteur qu'elle avait autrefois, a été couverte en ardoises, mais l'abside extérieure demande des réparations urgentes de la part de la municipalité, et notre élégante flèche, objet de l'admiration des étrangers, attend depuis vingt ans le passage indispensable des ouvriers. (Nous devons, pour être juste, dire que des réparations importantes y ont été faites récemment).

L'Inventaire du 23 Janvier 1906

Le 23 janvier 1906 était un jour de deuil pour la paroisse de Notre-Dame. M. Privat, sous-inspecteur de l'Enregistrement, délégué par l'administration préfectorale, devait procéder à l'inventaire des biens de l'Église et du Presbytère, conformément à l'article 5 de la loi de Séparation de l'Église et de l'État. Dès le matin, le Saint Lieu était envahi par les fidèles attristés et recueillis. A neuf heures précises, M. Privat se présente à M. l'Archiprêtre, et après avoir été introduit dans le chœur, il devient l'objet de la curiosité publique. Il me tarde de dire que l'émotion de ce fonctionnaire était évidente et que sa correction fut parfaite. Il écouta attentivement les protestations de

M. l'Archiprêtre et de M. Robert du Botneau au nom du Conseil de Fabrique, et se dirigea ensuite vers les sacristies, accompagné par un nombreux cortège. Il s'attendait, sans doute, à être aidé dans l'opération délicate et très compliquée qui lui était imposée, mais il s'aperçut bientôt qu'il ne pouvait compter que sur lui-même. Un silence glacial à toute question de sa part lui en donna promptement la preuve. Les clefs étaient à tous les meubles; il dut agir seul, sans la coopération des membres de la Fabrique et des employés de l'Église. Chacun jetait sur lui un regard de pitié compatissante.

L'inventaire se poursuivit pendant trois jours consécutifs. Ce recensement étant terminé, tous les membres de la Fabrique écoutèrent la lecture du procès-verbal rédigé par M. Privat, et refusèrent de lui accorder leur signature, estimant qu'ils ne pouvaient en conscience approuver une iniquité commise.

Après l'Inventaire

L'application de la loi de Séparation de l'Église et de l'État fut très prompte. Le presbytère avait coûté aux Catholiques 34,000 francs, plus 6,000 francs d'acquisition d'une bande de terrain dépendant de l'ancienne école mutuelle vendue par la ville de Fontenay. Celle-ci devint, par une attribution peu coûteuse, propriétaire du bien de l'Église.

M. l'Archiprêtre, gratuitement logé ainsi que ses vicaires, était bientôt mis en demeure par son nouveau propriétaire de payer un loyer. Ne pouvant se résoudre à semblable prétention qu'il trouvait contraire à son droit, à sa dignité, à ses principes, le 1er mars 1906, M. le Curé quittait le presbytère, pour se réfugier dans une maison hospitalière appartenant aux héritiers de Mme Daniel-Lacombe, rue Pont-aux-Chèvres.

Ce presbytère de Notre-Dame, qui offrait à M. l'Archiprêtre et à ses vicaires un lieu de repos après les fatigues journalières du ministère, ce jardin, témoin des ébats de la jeunesse et des pieuses prières des ecclésiastiques, que sont-ils devenus? Les arbres ont été abattus, les fleurs des parterres remplacées par des cailloux, les constructions et les clôtures démolies et jetées dans les caves du bâtiment principal, dont les salons ont été mis à la disposition des conférenciers de la libre-pensée.

Nous nous abstenons de plus amples considérations sur le destin de cette magnifique construction, ornement de la ville, désormais maudite et profanée.

Direction Générale des Domaines

—

INVENTAIRE

des biens dépendant de la Fabrique paroissiale de l'Église
Notre-Dame de Fontenay-le-Comte

(Dressé en exécution de l'article 5 de la loi du 9 décembre 1905)

L'an mil neuf cent six le vingt-trois janvier, à neuf heures du matin.

En présence de MM.

Chevalier, Curé-Archiprêtre de Notre-Dame ; Ernest Robert du Botneau, Président du Bureau des Marguilliers et du Conseil de Fabrique ; Martial Joffrion, Secrétaire ; Commandant de Larocque-Latour, Raoul Hervineau, Clais, Coutansais et Coussot, membres du Conseil de Fabrique,

Nous, soussigné, Privat, sous-inspecteur des Domaines, dûment commissionné et assermenté, spécialement délégué par le Directeur des Domaines de La Roche-sur-Yon, avons procédé ainsi qu'il suit à l'inventaire descriptif et estimatif des biens de toute nature détenus par la Fabrique paroissiale de l'Église Notre-Dame de Fontenay-le-Comte.

CHAPITRE I

BIENS DE LA FABRIQUE. — DESCRIPTION DES BIENS

I. — PROTESTATIONS

M. le Curé et M. Robert du Botneau, après nous avoir lu les protestations suivantes, nous demandent qu'elles soient insérées dans le procès-verbal :

1° Protestation de M. le Curé

« Monsieur, il est entendu que votre personne est
» hors de cause, mais comme Curé de cette paroisse,
» je suis le premier gardien des biens qui sont la
» propriété des fidèles, et, en cette qualité, je proteste
» contre l'opération que vous êtes chargé de faire.

» Ma conscience réprouve cet inventaire, comme
» mauvais, parce qu'il se fait contre la volonté des
» supérieurs ecclésiastiques, qui seuls peuvent dis-
» poser du patrimoine des Églises ; elle le réprouve
» aussi parce qu'il est une mesure pleine de menaces
» pour l'avenir.

» Je tiens à dégager ma responsabilité, et je proteste
» de toute mon âme contre des actes qui ne sont pour
» moi que les préliminaires d'une spoliation. »

2° Protestation de M. Robert du Botneau

« Monsieur l'Inspecteur,

» Dans sa séance du 7 janvier 1906, la Fabrique
» de l'Église Notre-Dame a voté à l'unanimité la
» protestation suivante :

» La Fabrique de l'Église Notre-Dame de Fontenay-
» le-Comte, considérant que ses biens immobiliers et
» mobiliers ont été acquis de ses deniers, ou, pour la
» plus large part, reçus de la générosité des Catho-
» liques de la paroisse ;

» Considérant qu'ils ont été donnés à l'Église Catho-
» lique, Apostolique et Romaine, dont Sa Sainteté le
» Pape est le Chef, et non à des associations cultuelles
» dont on ne peut dès aujourd'hui connaître la com-
» position ni apprécier les principes religieux ;

» Par ces motifs, refuse de prêter son concours à
» l'inventaire prescrit par l'article 5 de la loi de Sépa-
» ration de l'Église et de l'État, justifiant sa présence
» par la nécessité de sauvegarder ses intérêts ;

» Proteste contre la spoliation dont elle est menacée,
» et fait toutes réserves de ses droits et revendica-
» tions dans l'avenir. »

Ont signé : MM. Robert du Botneau, Chevalier, de
Larocque-Latour, Hervineau, Coussot, du Temps et
M. Joffrion.

M. Robert du Botneau ajoute la protestation
suivante :

« L'Église Notre-Dame a été bâtie par les Catholiques.
» Ruinée pendant les guerres de religion, en l'année
» 1600, d'après une inscription, elle fut rebâtie par
» Jean et Ambroise Bienvenu, père et fils, aux dépens
» de la Fabrique et des paroissiens de céans. Une
» autre inscription porte qu'elle a été blanchie et
» l'autel remis dans sa première perfection, etc., le
» tout fait aux dépens de la Fabrique, et par une
» quête faite en la paroisse par les Marguilliers et
» Fabriqueurs.

» En 1902, la Fabrique et les paroissiens ont
» consacré 73,218 francs 35 centimes à la restauration
» du monument.

» Par ces motifs, la Fabrique proteste contre la
» cession éventuelle de la jouissance de l'Église, en
» faveur d'une association cultuelle étrangère aux
» principes de la Religion Catholique, Apostolique et
» Romaine. »

Ces protestations nous ayant été lues dans l'Église, nous prions M. le Curé et MM. les Membres du Conseil de Fabrique de vouloir bien nous accompagner dans la sacristie, pour y procéder à la description de l'immeuble et à l'inventaire des objets qu'il renferme.

1. Sacristie. — 1° Description de l'immeuble

L'immeuble occupé par la sacristie se compose d'un corps de bâtiments sis près de l'Église, dans un passage commun, conduisant de la rue Pont-aux-Chèvres à la Grande-Rue.

Ce corps de bâtiments, dont le premier étage communique avec l'Église par un passage ouvrant dans la partie nord du sanctuaire, consiste en deux appartements et un vestibule au rez-de-chaussée, deux appartements et un vestibule au premier étage, escalier, grenier sur le tout, cave sous partie des bâtiments, lieux d'aisances, petite cour au levant des bâtiments, le tout porté au plan cadastral de la commune de Fontenay sous les numéros 915, 916, 917 entiers et 923 partie de la section H, pour une contenance de deux ares six centiares.

L'appartement du premier étage, plus spécialement consacré à la sacristie proprement dite, est entouré de placards formant corps avec la boiserie, et enfermant les ornements sacerdotaux et les ornements d'église d'usage courant.

Cet immeuble appartient à la Fabrique pour lui avoir été donné par Mme Marie-Charlotte-Lydie Robert du Botneau, veuve Evariste-Alexis Bernard, demeurant à Fontenay, aux termes d'un acte de donation entre vifs reçu par Mᵉ Clais, notaire à Fontenay, le 25 septembre 1890, modifié par un second acte du 21 mai 1891, et accepté après un troisième acte du 10 octobre 1891, en vertu de l'autorisation donnée à la Fabrique par décret présidentiel du 26 août 1891.

L'acte du 25 septembre 1890 stipulait une condition résolutoire ainsi conçue :

La présente donation est, en outre, faite sous la condition formelle que l'immeuble donné servira totalement, exclusivement et perpétuellement de sacristie à l'Église Notre-Dame de Fontenay.

Dans le cas où, pour une raison quelconque, cette affectation serait modifiée, la présente donation deviendrait nulle, et l'immeuble présentement donné ferait retour aux héritiers ou représentants de la donatrice.

Par le second acte modifié du 21 mai 1891, la donatrice a supprimé le second alinéa de ladite clause, mais en maintenant expressément le premier alinéa de cette même clause.

Cet immeuble est, d'après l'estimation du sous-inspecteur soussigné, d'une valeur de..... 4.000 fr.

2° Description des biens mobiliers existant dans la sacristie

2. Tapis de laine bleue, avec les lettres N. D. en jaune, recouvrant les placards existant à droite de la porte d'entrée, longueur 4 mètres sur largeur 0ᵐ45, évalué par le sous-inspecteur .... 5 »»

3. Huit chaises dessus paille............ 30 »»

4. Un fauteuil dessus velours rouge..... 20 »»

5. Une table de chêne rectangulaire, recouverte de cuir noir, revendiquée par M. Martial Joffrion, l'un des membres présents............................... 50 »»

6. Cinq canons d'autel, 23 centimètres sur 26, cadre bois doré, sans valeur....... 2 »»

7. Trois plateaux de zinc.............. 1 50

8. Un crucifix en cuivre argenté, hauteur 0ᵐ35....................... 5 »»

9. Trois cordons d'aube............... 1 50

10. Une cordelière dorée (usée)........ » 50

11. Une bourse fleur d'or renfermant des corporaux................................ 3 »»

12. Une bourse fleur d'or rouge........ 2 »»

13. Un calice argent XVIIᵉ siècle, objet classé................................ mémoire

14. Un calice pied argent, coupe argent doré, ancienne patène artistique.......... 250 »»

15. Un autre calice argent doré, patène unie.................................. 150 »»

16. Un calice argent plus petit, 0ᵐ25 environ............................... 70 »»

17. Un ostensoir argent doré, hauteur 0ᵐ80. 450 »»

18. Deux sonnettes cuivre doré......... 2 »»

19. Une croix cuivre doré, hauteur 0ᵐ80. 30 »»

20. Un crucifix bois noir, Christ stuck, apposé sur la boiserie................. 2 »»

21. Un reliquaire, 0ᵐ25 sur 0ᵐ40 environ, cuivre ou bronze or vernis............. 60 »»

22. Un autre reliquaire, hauteur 0^m30, même métal.................................. 30 » »

23. Cinq socles ou supports en bois...... 1 » »

24. Une bourse rouge...................... 2 » »

25. Un thabor métal doré·rehaussé de cabochons et pierreries, 0^m35 sur 0^m15..... 30 » »

26. Un thabor plâtre doré, de 0^m20 sur 0^m30. 2 » »

27. Une nappe d'autel toile blanche, de 4 mètres sur 0^m60......................... 8 » »

28. Deux serviettes blanches............ 2 » »

29. Une bourse verte.................... 2 » »

30. Une burette en verre et trois plateaux en verre.............................. 5 » » ·

31. Deux burettes et plateau de cristal enfermés dans un coffret de bois.......... 6 » »

32. Un carton porte-Saintes Huiles et linges bénits enfermés dans une sacoche de toile verte.............................. 2 » »

33. Un carton porte-Saintes Huiles et linges bénits enfermés dans une sacoche de toile verte............................. 1 · » »

34. Un porte-missel étain repoussé, offert et revendiqué par Madame Bodin, de Fontenay.............................. 15 » »

35. Un voile soie peinte, franges dorées, don de Madame de Béjarry.............. 10 » »

36. Un voile tapisserie, revers rouge.... 5 » »

37. Une écharpe soie blanche, franges soie couleurs................................. 25 » »

38. Une écharpe damas, bordure dorée, vert doublure rouge........................ 20 » »

39. Un voile moire violette, bordure or,
0^m80 de côté, doublure rouge..............   6 » »

40. Une écharpe fond rouge, dessus or,
envers même couleur....................   20 » »

41. Une écharpe damas rouge, franges
dorées, doublure toile verte............   20 » »

42. Une étole fond or, galons, franges
argentées ....   30 » »

43. Une étole fond blanc, dessins jaunes,
franges dorées............................   30 » »

44. Une étole fond blanc, cœur rouge,
franges et galons couleur................   30 » »

45. Une étole fond satin blanc, tapisserie,
franges, satin couleur....................   30 » »

46. Une étole velours rouge, croix et
bordure dorées, franges dorées et glands
rouges. ....   15 » »

47. Une étole soie violette, franges blanches et violettes..........................   20 » »

48. Une étole fond blanc, croix, bordure
et franges dorées........................   30 » »

49. Une étole fond blanc, bordure et franges jaunes, médaillons tapisserie, violet et
jaune ....   20 » »

50. Une étole fond satin violet, franges
jaunes....................................   20 » »

51. Une étole fond blanc bordure jaune
franges couleurs..........................   20 » »

52. Une étole fond blanc, bordure et franges jaunes................................   20 » »

53. Une étole fond blanc, franges jaunes, très unie.. 10 »»

54. Une écharpe satin ou damas, franges couleur.. 25 »»

55. Une écharpe satin blanc, ornement et franges dorées........................... 25 »»

56. Une écharpe blanche, franges jaunes 20 »»

57. Une bourse renfermant deux corporaux... 4 »»

58. Un ornement velours noir, franges argent, comprenant : chasuble, étole, manipule, voile de calice, bourse.............. 40 »»

59. Un ornement rouge, même composition, fleurs, franges dorées.............. 30 »»

60. Un ornement fond blanc même composition, tapisserie jaune, doublure rouge. 30. »»

61. Un ornement velours noir, même composition .... 40 »»

62. Un ornement velours rouge......... 40 »»

63. Un ornement fond satin blanc....... 35 »»

64. Un ornement soie noire, brodé argent 35 »»

65. Un ornement fond blanc........... 30 »»

66. Un ornement fond rouge, broderie jaune .... 30 »»

67. Un ornement soie noire............. 35 »»

68. Un ornement soie rouge............. 35 »»

69. Un ornement soie blanche.......... 35 »»

70. Un ornement soie blanche.......... 35 »»

71. Un ornement soie noire............. 35 »»

72. Un ornement soie rouge............. 35 »»

73. Un ornement velours vert foncé, bro-
deries dorées, envers grenat............ 40 »»

74. Un ornement soie vert clair, brodé
argent, doublure rose................... 40 »»

75. Deux dalmatiques drap d'or, ornées
de fleurs rouges, et deux manipules assor-
ties .... 100 »»

76. Deux dalmatiques fond blanc et or,
étole, et deux manipules (don de la famille
Chabot de Péchebrun)................. 75 »»

77. Un ornement blanc, cinq pièces ci-
dessus, broderie or (don de M. et Mme Robert
du Botneau)............................ 50 »»

78. Un ornement blanc et or, 5 pièces,
(don de Mme Baron-Latouche)............. 100 »»

79. Un ornement soie blanche, 5 pièces,
franges dorées, doublure rouge (don de
M. de la Fontrecé)...................... 50 »»

80. Un ornement doré, 5 pièces, doublure
rouge et grenat........................ 40 »»

81. Un voile satin blanc peint, franges
dorées................................. 10 »»

82. Un voile de tabernacle velours rouge,
franges or............................. 15 »»

83. Un voile de tabernacle soie blanche,
franges or............................. 20 »»

84. Deux voiles rouges, fleurs dorées.... 10 »»

85. Un ornement violet, 5 pièces........ 30 »»

86. Un ornement soie noire (don de
Mme Coussot, revendiqué par M. Coussot,
l'un des comparants)................... 50 »»

87. Un ornement satin blanc et tapisserie doublure rouge (revendiqué également par M. Coussot)............................ 25 » »

88. Un voile noir franges argent........ 10 » »

89. Un ornement satin blanc, 5 pièces, bordure or, doublure rouge (don de Mme Chenuau)............................ 75 » »

90. Un ornement blanc tapisserie, doublure grenat (don de Mme Ballu), 5 pièces.. 75 » »

91. Un ornement blanc tapisserie, doublure grenat (don de Mme Ballu), 5 pièces.. 50 » »

92. Un ornement velours rouge, 5 pièces, bordure dorée............................ 40 » »

93. Un ornement rouge, 5 pièces, bordure dorée, doublure verte.................... 40 » »

94. Un ornement violet, 5 pièces, doublure grenat............................ 40 » »

95. Un ornement violet, 5 pièces, doublure grenat............................ 30 » »

96. Un ornement violet foncé, 5 pièces, doublure grenat......................... 30 » »

97. Trois ornements velours noir, 5 pièces, bordure argent...................... 120 » »

98. Un ornement, 5 pièces, drap d'or usé, doublure rouge grenat.................. 60 » »

99. Une échelle double pliante en bois.. 15 » »

Clôture de la première séance. A 11 heures du matin, nous avons clos notre première séance, et remis la suite de nos opérations à une heure de l'après-midi. Les comparants, requis de signer, ont refusé de le faire.

Le Sous-Inspecteur, **signé** : Privat.

DEUXIÈME SÉANCE

Le même jour, 23 janvier 1906, à une heure et demie de l'après-midi, nous avons procédé dans la sacristie, en présence de M. le Curé et de MM. Robert du Botneau, Joffrion, Commandant de Larocque-Latour, Hervineau et Coussot, à la continuation de l'inventaire des objets existant dans ladite sacristie, de la manière suivante :

100. Deux serviettes toile blanche.......	2	»»
101. Un lavabo fontaine émaillé blanc...	10	»»
102. Une étole violette	5	»»
103. Une aube en dentelle (don de Mme Gustave du Temps).......................	12	»»
104. Vingt-deux surplis de prêtre.......	220	»»
105. Trente et une aubes..............	168	»»
106. Soixante et onze linges bénits (purificatoires, lavabos ou corporaux)........	106	50
107. Quarante-quatre surplis d'enfants de chœur................................	176	»»
108. Un devant d'autel mousseline pailletée d'or (don de Mlle Julie Mosnay).........	3	»»
109. Un devant d'autel en dentelle (don de Mme Palliot du Plessis)..................	5	»»
110. Un devant d'autel en dentelle......	5	»»
111. Une nappe d'autel (don des élèves de l'ancienne pension Chapelet)............	5	»»
112. Trois nappes d'autel (don de Mlle Célie Brisson)...............................	15	»»
113. Treize serviettes toile blanche (don de Mlle Célie Brisson).................	6	»»

114. Une nappe d'autel en dentelle...... 5 »»

115. Sept nappes d'autel (don de Mlle Célie Brisson)...........................'... 70 »»

116. Une aube (don de Mlle Victorine Denfer).............................. 8 »»

117. Une aube (don de Mlle Louise Brisson)........................... 8 »»

118. Une aube (don de Mme Palliot du Plessis)........................... 8 »»

119. Une corbeille d'osier.............. 2 »»

120. Six nappes de communion, bordure dentelle............................... 60 »»

121. Une nappe de communion (don de Mme Armand Brisson)................... 10 »»

122. Une nappe de communion......... 10 »»

123. Une nappe dentelle (don de la pension Chapelet).......................... 10 »»

124. Une nappe dentelle............... 10 »»

125. Une croix d'autel cuivre argenté, hauteur 0^m90........................... 40 »»

126. Une petite croix d'autel, argentée, hauteur 0^m55........................... 25 »»

127. Un missel...................... 10 »»

128. Deux canons d'autel, cadre doré, 0^m45 sur 0^m35...................... 1 »»

129. Un canon d'autel, cadre doré, 0^m60 sur 0^m45......................... » 50

130. Douze pales croix rouges.......... 6 »»

131. Treize camails rouges d'enfants de chœur............................... 26 »»

132. Une couverture d'autel, tapisserie fond rouge (don de Mlle Amélie Mosnay)...   15 » »

133. Une couverture d'autel, tapisserie rouge et blanche (don de Mme Armand Brisson)............................   15 » »

134. Une nappe d'autel toile blanche (don de la même)........................   5 » »

135. Une aube donnée par Mlle Clotilde Joffrion............................   8 » »

136. Une aube (don de Mme Aimé)........   8 » »

137. Une nappe d'autel (don de la pension Chapelet)........................   6 » »

138. Six nappes d'autel................   36 » »

139. Une nappe d'autel (don de Mme Armand Brisson)........................   6 » »

140. Quatre serviettes blanches (don de Mlle Brisson)........................   5 » »

141. Quinze corbeilles recouvertes de toile rouge et dentelle blanche (don de Mme Lacombe)........................   15 » »

142. Un grand panier recouvert d'andrinople rouge........................   3 » »

143. Une petite corbeille recouverte de toile rouge........................   1 » »

144. Un autre grand panier............   3 » »

145. Deux surplis d'enfants de chœur (don de Mlle Brisson)................   8 » »

146. Une nappe toile blanche..........   5 » »

147. Seize soutanes violettes d'enfants de chœur............................   35 » »

148. Six barrettes violettes..........   3 » »

149. Vingt-quatre soutanes rouges d'enfants de chœur........................ 40 » »

150. Deux porte-chape en bois......... 2 » »

151. Une chape moire violette, frange argent et chaperon, deux cœurs entourés de rayons d'argent, doublure grenat...... 15 » »

152. Trois chapes fond rouge ornées d'argent................................ 45 » »

153. Deux chapes fond soie blanche, bordure or, fleurs, franges or........... 20 » »

154. Deux chapes fond soie blanche..... 20 » »

155. Deux chapes fond soie blanche soies bleue et rouge, parsemée de fleurs, franges dorées................................ 15 » »

156. Une chape fond soie violette. bordure et franges argent...................... 15 » »

156 *bis.* Une chape fond violet foncé. 15 » »

157. Une chape fond soie blanche, bordure or, sujet deux cœurs d'or flamboyants, entourés de rayons d'or...... 30 » »

158. Une chape soie noire, bordure blanche, franges argent.................. 20 » »

159. Vingt et un cierges jaunes, 0m65 de longueur.............................. 10 » »

160. Un gros cierge à 3 branches, 0m50 de longueur.............................. 4 » »

161. Un paquet d'enveloppes toile violette. 3 » »

162. Un banc rembourré moleskine, longueur 2 mètres.......................... 10 » »

163. Un cierge longueur 1 mètre environ. 5 » »

164. Deux chandeliers cuivre argenté, hauteur 0m48 (don de Mlle Brisson)........ 40 » ».

165. Un surplis d'enfant de chœur (don
de Mlle de Virsay)........................ 5 » »

166. Huit surplis d'enfant de chœur avec
dentelle.................................. 40 » »

167. Un prie-Dieu en bois surmonté d'un
crucifix bois noir........................ 2 » »

168. Six soutanes noires d'enfant de
chœur................................... 12 » »

169. Quatre cottes d'enfant de chœur
(don de Mlle Célie Brisson)............... 16 » »

170. Cinq surplis d'enfant de chœur (don
de Mlle Célie Brisson).................... 20 » »

171. Treize rochets d'enfant de chœur... 56 » »

172. Trois surplis de chantre........... 15 » »

173. Deux draps mortuaires, croix soie
blanche................................. 40 » »

174. Deux tentures mortuaires, laine
calicot blanc............................ 30 » »

175. Une soutane noire d'enfant de
chœur................................... 2 » »

176. Une chape velours noir, franges
argent.................................. 25 » »

177. Une chape drap d'or, parsemée de
fleurs, franges dorées.................... 100 » »

178. Quatre bouquets or hors d'usage... 1 » »

179. Quatre vases porcelaine blanche
dorée................................... 2 » »

180. Cinq bannières anciennes.......... 20 » »

181. Deux tables en bois............... 2 » »

182. Un grand catafalque en bois....... 10 » »

183. Une bannière soie blanche......... 40 » »

184. Un buffet ancien, noyer, à 2 portes doubles et 1 porte simple............... 20 » »

185. Un buffet ancien à 4 portes simples. 20 » »

186. Un costume de suisse, bleu, complet avec bicorne........................ 30 » »

187. Un costume de suisse, rouge......... 30 » »

188. Deux cannes de suisse............ 10 » »

189. Deux hallebardes, croix et flèches cuivre............................... 20 » »

190. Deux croix de procession, cuivre argenté (hauteur 2 mètres).............. 50 » »

191. Un chevalet de bois.............. 3 » »

192. Deux encensoirs cuivre argenté.... 10 » »

193. Six torches fer-blanc peint........ 1 » »

194. Un réchaud...................... 1 » »

195. Deux bénitiers cuivre avec goupillons................................. 4 » »

196. Un confessionnal mobile........... 2 » »

197. Un vieux fauteuil bois, dessus velours rouge .... 2 » »

198. Deux tabourets................... 2 » »

199. Un grand tapis fond violet, 4 mètres sur 3 mètres environ.................... 20 » »

200. Un vieux tapis.................. 5 » »

201. Six chandeliers cuivre argenté, hauteur 0m80......................... 100 » »

202. Quatre draps mortuaires........... 60 » »

203. Deux draps mortuaires blancs...... 10 » »

204. Six chandeliers................... 40 » »

205. Quatre lanternes de procession en fer-blanc .... 2 » »

206. Quatre pupitres porte missel en chêne.. 8 »»

207. Trois missels......................... 30 »»

208. Deux soutanes noires de chantre... 10 »»

209. Deux surplis de chantre........... 10 »»

210. Un prie-Dieu....................... 2 »»

211. Un vieux fauteuil en paille......... 2 »»

212. Un pupitre......................... 3 »»

213. Un marche-pied..................... 2 »»

Clôture de la deuxième séance. Du consentement de toutes les parties nous avons clos notre deuxième séance à 5 heures du soir et remis la continuation de nos opérations au mercredi 24 janvier 1906, à 9 heures du matin. Les comparants requis de signer ont déclaré ne vouloir le faire.

Le Sous-Inspecteur, signé : Privat.

TROISIÈME SÉANCE

L'an mil neuf cent six, le vingt-quatre janvier, à 9 heures du matin, en présence de M. le Curé et de MM. Robert du Botneau, Joffrion, Commandant de Larocque-Latour, Hervineau et Coussot, nous avons continué notre opération, par la visite et la description de l'Église Notre-Dame et des objets mobiliers qu'elle contient.

1° Description de l'Église (V. chap. II)

2° Description des objets mobiliers contenus dans l'Église et appartenant à la Fabrique

214. 573 chaises reliées entre elles en paille .... 573 »»

215. 700 chaises volantes en paille....... 350 »»

216. 25 prie-Dieu......................... 25 »»

217. Chemin de croix en 14 tableaux toile peinte, cadre doré ogival, surmonté d'une croix (don de Mme Chabot de Péchebrun, belle-mère de M. Robert du Botneau, l'un des comparants, qui réserve de façon expresse le droit d'en revendiquer la propriété)........................... 1.500 »»

Dans la nef latérale, côté sud

218. Statue de Sainte-Anne en pierre sur colonne de pierre, non adhérente (don de Mme de Villeneuve)....................... 100 »»

219. Six chandeliers sur l'autel de la Sainte-Vierge, en cuivre avec cierges..... 60 »»

220. Une croix d'autel.................. 15

221. Un lustre cuivre doré forme couronne (30 lumières)......................... 25 »»

222. Un brûle-cierge en zinc........... 3 »»

223. Un tableau, toile peinte, 0^m65 sur 0^m60, cadre doré représentant un moine en prière............................. 20 »»

224. Un confessionnal mobile.......... 2 »»

225. Un crucifix, bois noir, Christ plâtre (hauteur 1 mètre)....................... 3 »»

226. Une chasse en verre garniture bois de Saint-Urbain....................... 10 »»

227. Un tableau (2 mètres) cadre bois toile peinte représentant la mort de Saint François-Xavier......................... 30 »»

228. Deux confessionnaux en noyer à double compartiment, adossés au mur..... 40 »»

229. Un tableau au-dessus de la porte sud, 3 mètres de haut, sur 2 mètres de large, cadre doré toile peinte représentant Saint Venant au-dessus de la ville de Fontenay............................... 50 » »

230. Un grand tableau, cadre bois noir, filet doré de 4ᵐ65 de haut, sur 2ᵐ35 de large, signé André et représentant la Résurrection

Ce tableau est assuré pour 1500 francs suivant police d'assurance contractée par la ville de Fontenay, avec la Compagnie « La Confiance » à la date du 16 mars 1901, Il fut donné à l'Eglise par Mademoiselle Brunet, de Biossais, en 1796 (Boncenne, *Recherches archéologiques sur Notre-Dame de Fontenay*, 1854), bases de police....... 1.000 » »

231. Tableau du Sacré-Cœur, 3 mètres sur 2 mètres environ.................. 50 » »

232. Dix lampes de cuivre sur les piliers 50 » »

Dans la nef centrale

233. Christ monumental sur croix de bois placé en face de la Chaire, mis à la disposition de la Fabrique par M. Clément Vallette et au sujet duquel M. René Vallette et Madame Millochin née Vallette nous remettent une revendication écrite sur timbre qui sera annexée au présent inventaire.... 500 »

234. Tableau « Mère admirable », cadre doré, toile peinte, dimensions approximatives 0ᵐ80 sur 0ᵐ60, fixé sur l'un des piliers sud................................. 100 » »

235. Tableau « Christ en croix » cadre doré, de Bernard d'Agésy, dimensions approximatives 1ᵐ30 sur 1 mètre, pilier sud.   200 »»

Dans le Sanctuaire

236. 13 escabeaux d'enfants de chœur, dessus toile rouge........................   40 »»

237. Un fauteuil de célébrant, dessus velours rouge.............................   20 »»

238. Un tapis recouvrant les degrés du Maître-Autel, fond jaune, bordure rouge, dimension approximative, 4 m. sur 3 m...   20 »»

Sur le Maître-Autel

239. Six chandeliers en cuivre argenté et doré, hauteur 1 mètre, avec souches en fer-blanc peint.............................   300 »»

240. Une croix d'autel cuivre doré, hauteur 0ᵐ60....................................   40 »»

Dans le tabernacle et d'après la déclaration qui nous est faite par M. le Curé

241. Un ciboire argent doré d'une valeur de   400 »»

242. Un ciboire argent doré plus petit...   200 »»

Au milieu du Sanctuaire

243. Une lampe de Sanctuaire, couronne, argent doré.............................   700 »»

Au-dessus du Maître-Autel

244. Grand tableau de la Sainte Vierge, de Robert Lefèvre, dimensions 8 mètres de hauteur sur 2ᵐ40 de largeur, tableau donné à l'Église par le Roi Charles X en 1828, assuré pour 22,000 francs, par la ville de Fontenay (bases de police)............... 20.000 »»

Sur le premier pilier nord en partant du chœur
Dans la nef centrale du chœur

245. Tableau qui est une réduction de la transfiguration de Raphaël, hauteur 1 mètre, largeur 0^{m}55, assuré pour 1500 francs par la ville de Fontenay...................... 1.500 »»

Sur le second pilier nord en partant du chœur

246. Tableau « Moine en prière », 0^{m}80 sur 0^{m}60............................... 50 »»

Dans la nef centrale du chœur

247. 20 bancs mobiles avec agenouilloirs en chêne............................... 200 »»

Dans la nef latérale côté nord
Dans les fonts baptismaux

248. Une statue de Notre-Dame-des-Victoires en pierre sur colonne en pierre..... 60 »»

249. Un tableau toile peinte, Baptême de Notre-Seigneur, 0^{m}50 sur 1 mètre......... 5 »»

250. Une croix de bois doré, hauteur 0^{m}70 1 »»

251. Une baille en zinc................. 5 »»

Le long des murs

252. Trois confessionnaux à double compartiment en bois peint, adossés au mur... 50 »»

Dans la chapelle du Sacré-Cœur

253. Statue de Saint Joseph en pierre sur colonne de pierre, non adhérente au sol... 100 »»

254. Statue de Sainte Véronique sur colonne en pierre non adhérente au sol... 100 »»

Près de la tribune

255. 5 échelles, 2 de 15 mètres et 3 plus
petites ....,..................'.........   50 »»

Dans la tribune

256. Un lustre cuivre, 12 lumières ......   10 »»

257. Deux porte-parapluies en fonte
peints en blanc.........................   5 »».

Dans le clocher

Les trois cloches suivantes, acquises ou
données à l'Eglise postérieurement au
Concordat, et élevées sur une charpente
de bois qui paraît isolée de la maçonnerie,
cloches qui, en raison de cette dernière
circonstance, ont paru ne pas présenter le
caractère d'immeuble par destination (Dalloz sup. Répertoire V. Culte n° 570).

258. Une cloche d'un diamètre à la base
de 0^m75 environ, portant l'inscription suivante :

*Hæc campana benedicta est et oleo sancto
inuncta sub vocabulo Maria Margueritæ.
Anno 1868. — Nomen imposuerunt Albertus-Maria-Evaristus-Leander du Couëdic
de Kéréran, et Margarita-Amelia-Sophia
Moller. — Laudate pueri Dominum, laudate nomen Domini. — Bollée et ses fils,
fondeurs-accordeurs au Mans*............ Mémoire

259. Une cloche, d'un diamètre de 0^m90
environ à la base, portant l'inscription suivante :

*Sub pontificatu Pii noni. Anno 1855. —
Hæc campana benedicta est et oleo sacro*

*uncta sub vocabulo s. Petri apostolorum
principis. — Nomen imposuerunt, C. Joffrion et H. Palliot, uxor L. Vinet civitatis
magistri. — Jacobus-Maria-Josephus, episcopus Lucionensis. — Monstra te matrem.
— Laudabo Dominum in vita mea psallam
Deo meo quamdiu fuero (Ps. 45). — E. Bollée, cenoman me fudit* .... Mémoire

260. Une cloche d'un diamètre à la base
de 1 m. environ, avec l'inscription suivante :

*Sub pontificatu Pii noni. Anno 1855.
— In honorem B. Mariæ V., sine labe originali conceptæ. — Nomen imposuerunt. V.
de Monbail et N. de Vassé uxor A. de Rochebrune. Tunc erant matricularii Ecclesiæ. —
P. Babin, E. Bréchard, O. Giraud, C. Joffrion, F. Lévêque, F. Daniel-Lacombe, V.
de Monbail, A. de Rochebrune, O. de Rochebrune, L. Vinet. — F.-M. Ferchaud, archipresbyter, rector parochiæ, F. Duprat et P.
Begaudeau, vicarii. — Jacobus-Maria-Josephus, episcopus Lucionensis. — Vespere et
mane et meridie narrabo et annuntiabo et
exaudiet vocem meam (Ps. 54). — E. Bollée, cenoman me fudit.*

Clôture de la troisième séance. A onze heures et
demie du matin, nous avons clos notre troisième
séance, et du consentement de toutes les parties
présentes, nous avons remis la suite de nos opérations
au samedi 27 janvier prochain, à 3 heures de l'après-
midi. Requis de signer, les comparants ont déclaré
ne le vouloir, en conséquence, nous avons seul signé.

Privat.

L'an mil neuf cent six, le vingt-sept janvier, à 3 heures du soir, en présence de M. le Curé et de MM. Robert du Botneau, Joffrion, Commandant de Larocque-Latour, Raoul Hervineau, Coussot, Clais et G. du Temps, Trésorier de la Fabrique, nous avons procédé à la continuation du présent inventaire, dans l'immeuble occupé par le Presbytère, ainsi qu'il suit :

Presbytère

261. La Fabrique est propriétaire :

1° Des bâtiments composant le nouveau Presbytère, qui comprend au rez-de-chaussée salon, vestibule, salle à manger, cuisine, souillarde ; au premier étage, trois chambres, plus une chambre de domestique ; au deuxième étage trois chambres et grenier par dessus. Cave régnant en partie sous la nouvelle cure et partie sous l'ancienne. Ces bâtiments ont été édifiés en 1876 aux frais de la Fabrique qui a dépensé pour leur construction 37,056 francs 60 centimes, sur lesquels elle a reçu une subvention de 2,000 fr. de la commune (fait constaté dans une délibération du Conseil municipal du 24 avril 1876) et une subvention de 5,000 francs de l'État.

2° D'une bande de terrain de 286 mq environ, sise au couchant du Presbytère et du jardin qui le précède, annexée à ce jardin et sur partie de laquelle ont été construites une serre et la cuisine du Presbytère.

Cette bande de terrain figure au plan cadastral, sous le numéro 816 p de la section H.

Elle a été acquise par la Fabrique de la commune de Fontenay, aux termes d'un acte passé devant Mᵉ Angebault, notaire à Fontenay-le-Comte, le 27 novembre 1873, étant expliqué que cette acquisition avait été faite en commun avec M. Sauvaget, moyennant le prix de 6,200 francs, et que partie du terrain acquis par la Fabrique a été cédé à M. Sauvaget, par un acte de Mᵉ Daniel-Lacombe, notaire à Fontenay, du 6 avril 1875.

Les bâtiments et le terrain, qui appartiennent, comme il vient d'être dit, à la Fabrique, sont estimés .... 20,000 »»

Objets mobiliers existant dans le Presbytère
et appartenant à la Fabrique
Dans la chambre des Vicaires

262. Deux lits avec leur literie complète bois noyer............................ 240 »»

263. Un lit bois avec sa literie moins les couvertures .... 80 »»

264. 3 tables de nuit.................... 30 »»

265. 3 bibliothèques bois noir peint..... 90 »»

266. 3 petites tables................... 15 »»

267. Une armoire double porte en noyer dans la chambre du 3ᵉ vicaire............ 15 »»

268. Un rideau de lit en cretonne dans la chambre du 4ᵉ vicaire................... 8 »»

269. 15 chaises de paille . . . . 30 » »

270. Rideaux de fenêtre. . . . . 14 » »

271. 4 grands globes en verre . . . . 4 » »

272. Un globe contenant un enfant Jésus
en cire . . . . 1 » »

273. Un vieux lit en bois de noyer . . . . 2 » »

Dans le Parloir (ancienne Cure)

274. 27 registres en cahier sur lesquels
sont inscrits les Baptêmes, Mariages et
Sépultures depuis 1802 jusqu'à ce jour . . . . Mémoire

275. 8 registres de confrérie . . . . Mémoire

276. 9 chaises 22 50

Rentes sur l'État

277. — Une inscription de rente sur l'État Français 3 %, série 4, numéro 597,739, de la somme de 19 francs immatriculée comme suit :

Fontenay-le-Comte (Vendée). (La Fabrique de l'Église paroissiale de Notre-Dame de) arrêté du 10 août 1863. Cette inscription de rente a été acquise avec la somme de 430 francs 39 centimes, provenant du remboursement d'une rente Vincendeau approuvé par la Fabrique dans sa séance du 10 mars 1863 et autorisé par arrêté préfectoral du 10 août 1863.

La propriété de cette rente au profit de la Fabrique se trouve établie : 1° Par un contrat d'arrentement passé devant Mᵉ Roux, notaire à La Meilleraie (étude Porcher), le 28 janvier 1736 ; 2° Dans un acte de transport Caulpier, notaire à Fontenay, du 13 août 1732 ; 3° Dans un titre nouvel Giraud, daté à Fontenay du

10 janvier 1811, et 4° Dans une vente portant délégation reçue par M° Vinet, notaire, le 4 février 1835.

L'examen de ces divers documents n'a pas permis de reconnaître si l'origine de cette fondation avait un but pieux ou charitable.

L'acte de 1736 se borne à constater qu'il s'agit d'une rente accoutumée à être payée à la Fabrique.

MM. les Membres du Conseil de Fabrique inclinent à penser qu'elle a dû être le prix d'un service religieux.

Le dernier coupon payé est celui échu le 1ᵉʳ octobre 1905.

278. Inscription de rente sur l'État Français 3 °/₀, série 4, numéro 571,409, de la somme de 12 francs, immatriculée comme suit :

Fontenay-le-Comte (Vendée). (La Fabrique de l'Église Notre-Dame de). Arrêté préfectoral du 12 février 1883.

Cette inscription a été acquise avec l'argent provenant du remboursement d'une rente Bineau, autorisé par la Fabrique dans sa séance du 1ᵉʳ octobre 1882, approuvé par le Préfet le 12 février 1883.

La propriété se trouve établie au profit de la Fabrique : 1° Par un contrat d'arrentement Masson, notaire à Fontenay, du 10 août 1745 ; 2° Par un titre nouvel Fillon, notaire, du 19 juillet 1804 ; 3° Par un contrat de rente Vallette, notaire, du 20 novembre 1842 ; 4° Par un contrat Angebault, du 17 octobre 1860 ; 5° et enfin par un titre nouvel Angebault, du 18 juin 1864.

Par l'arrêté du 17 août 1745, la Fabrique avait aliéné une maison à elle léguée par Andrée Fraigneau, fille majeure, aux termes d'un testament Fillon, notaire, du 21 mai 1743, pour sûreté de fondation par elle faite de messes.

7

279. Inscription de rente sur l'État Français 3 °/₀, série 4, numéro 597,738, de la somme de 118 francs, immatriculée comme suit :

Fontenay-le-Comte (Vendée). (La Fabrique de l'Église paroissiale de Notre-Dame de).

Cette rente, primitivement de 4 1/2 °/₀, aurait été acquise avec l'argent provenant du remboursement d'une rente Raffugeaud, autorisé par délibération de la Fabrique du 19 octobre 1856.

La propriété de la Fabrique est établie par un testament dicté à Mᵉ Cougnaud, notaire à Fontenay-le-Comte, le 28 novembre 1823, et aux termes duquel Mᵐᵉ Suzanne Maraud, veuve Raffugeaud, avait légué à ladite Fabrique une rente perpétuelle de 80 francs au capital de 1,600 francs, sous l'obligation de faire dire dans l'Église Notre-Dame de Fontenay et à perpétuité, par chaque mois deux messes basses pour le repos de son âme et de celle de son mari, de celle de M. l'Abbé Robin, son parent, et de celle de M. et Mᵐᵉ Moriceau de Cheusse, ses bienfaiteurs. Le testament ajoute : En conséquence, la rente de 80 francs que je lègue à la Fabrique ne pourra être exigée qu'en rapportant chaque année à mes légataires universels, leurs héritiers ou ayant-cause débiteurs de la rente, un certificat de M. le Curé de Notre-Dame constatant que les 24 messes de fondation ont été réellement dites.

280. Inscription de rente 3 °/₀, série 4, numéro 597,736, de la somme de 27 francs, immatriculée comme suit: Fontenay (Vendée). (La Fabrique de l'Église Notre-Dame de). Arrêté préfectoral du 2 avril 1873.

Cette inscription a été acquise avec l'argent provenant du remboursement d'une rente Bichon, autorisé par la Fabrique le 13 mars 1873, et approuvé par le Préfet le 2 avril suivant.

La propriété en est établie au profit de la Fabrique par un testament dicté à Mʳ Maichain, notaire à Fontenay-le-Comte, le 11 mai 1871, aux termes duquel Mᵐᵉ Françoise Favreau, veuve de M. Jean-François Bichon, décédée à Fontenay-le-Comte le 4 juin 1871, a légué à ladite Fabrique une rente annuelle et perpétuelle de 25 francs, pour être employée à faire dire des messes pour le repos de l'âme de la testatrice et de ses parents défunts.

281. Inscription de rente 3 %, série 4, numéro 597,737, de la somme de 150 francs, immatriculée de la manière suivante : Fontenay-le-Comte (Vendée). (La Fabrique de l'Église curiale de), à charge de services religieux.

Ce titre a été acquis avec la somme de 3,000 francs donnée à la Fabrique par M. Alcide Petit-Duvignaud, propriétaire à Saint-Valérien, aux termes d'un acte de donation entre vifs reçu par Mᵉ Daniel-Lacombe, notaire à Fontenay-le-Comte, le 31 janvier 1874.

Cette donation a été faite à charge par la Fabrique de faire célébrer annuellement et à perpétuité, dans l'Église de ladite paroisse de Notre-Dame, dans le cours de novembre de chaque année (le choix du jour étant laissé au Curé de ladite paroisse), un service avec messe chantée pour tous les parents du donateur, nés ou décédés dans la commune de Fontenay, en commençant par le premier mois de novembre qui suivra l'acceptation régulière de la présente donation.

282. Inscription de rente 3 %, série 4, numéro

419,420, de la somme de 28 francs, immatriculée comme suit :

Fontenay-le-Comte. (La Fabrique de l'Église curiale de Notre-Dame de). Legs de la dame veuve de Mouillebert, née Louise-Léontine-Guillaume Desvantes, à charge de faire dire chaque année à perpétuité autant de messes que le permettra le tarif approuvé du Diocèse. (Décret du 28 avril 1876, et certificat du Préfet du 31 novembre suivant).

Ce titre a été acquis avec la somme de 2,000 francs, léguée à la Fabrique par Mme Louise Desvantes, veuve de Mouillebert, aux termes de son testament dicté à Me Bonnaud, notaire à Fontenay-le-Comte, le 7 avril 1872.

Ce legs a été fait dans les termes suivants :

« Je charge mes légataires universels d'employer dans le même délai une somme de 2,000 francs en fondation de messes qui seront dites chaque année à mon intention. »

283. Inscription de rente 3 %, numéro 601,697, série 4, de la somme de 111 francs, immatriculée de la manière suivante :

Fontenay-le-Comte (Vendée). (La Fabrique de l'Église paroissiale de Notre-Dame de). Legs de Raymond-Marie-Julia Chabot de Péchebrun. Les arrérages destinés à l'acquit à perpétuité de deux services annuels. (Décret du 27 juillet 1893, et certificat du 23 octobre 1895).

Ce titre a été acquis, comme l'indique l'immatriculation ci-dessus transcrite, avec la somme de 5,000 fr., léguée à la Fabrique par M. Raymond Chabot de Péchebrun, décédé le 29 novembre 1891, suivant testament olographe du 25 novembre 1891, déposé en l'étude de M⁰ Clais, notaire à Fontenay, le 4 décembre suivant.

Ce legs a été fait à la charge de faire dire des messes.

Récapitulation des rentes sur l'État

1. Inscription 3 °/₀ n° 597,739, série 4 ...   19 »»
2.   —   3 °/₀ — 571,409   —   4 ...   12 »»
3.   —   3 °/₀ — 597,738   —   4 ...   118 »»
4.   —   3 °/₀ — 597,736   —   4 ...   27 »»
5.   —   3 °/₀ — 597,737   —   4 ...   150 »»
6.   —   3 °/₀ — 419,420   —   4 ...   28 »»
7.   —   3 °/₀ — 601,697   —   4 ...   111 »»

Ensemble......... <u>465 »»</u>

Valeur de ces rentes en capital, d'après le cours du 26 janvier 1906 (98.95)..................   15.470 58

284. A ajouter le trimestre d'arrérages échu au 1ᵉʳ janvier 1906 et non touché............   116 25

Valeurs en caisse

285. Le numéraire en caisse appartenant à la Fabrique et formant l'excédent de recettes sur les dépenses, à la date du 27 janvier 1906, s'élève à....   1.491 95

CHAPITRE II

BIENS DE L'ÉTAT, DU DÉPARTEMENT ET DES COMMUNES DONT LA FABRIQUE N'A QUE LA JOUISSANCE

1. — ÉGLISE NOTRE-DAME DE FONTENAY-LE-COMTE

Cet édifice, bâti au xvᵉ siècle sur une crypte romane à piliers, détruit pendant la guerre de religion de 1568 et rebâti en 1600, puis restauré au cours des xviiiᵉ, xixᵉ et xx⁰ siècles, fut rendu au culte, après la Révolution, le 22 juin 1795. Ce monument, classé parmi les monuments historiques de France en 1841, présente la forme d'un carré long, dont la face orientale s'arrondit en abside ; il occupe un emplacement d'environ 1,480 mètres carrés (44ᵐ12 de long sur 26ᵐ63 de large), limité à l'ouest et au sud par la rue René-Moreau, et de tous les autres côtés par le passage commun allant de la rue Pont-aux-Chèvres à la Grand' Rue.

Il figure à la matrice cadastrale de la commune de Fontenay-le-Comte sous les numéros 932, 933, 934, 935 de la section H, pour une contenance totale de 14 ares 85 centiares.

A cet égard, il convient de noter que suivant acte passé devant Mᵉ Daniel-Lacombe, le 29 décembre 1853, la Fabrique a acquis d'un M. Charles Freland, cordonnier, une petite maison située d'après les termes du contrat, rue Contour de l'Église Notre-Dame, attenant à ladite Église et sise entre deux piliers de cette même Église, en face de la porte de la cour de la maison de M. Armand Brisson, consistant en une chambre basse et une chambre haute ; confrontant du midi à ladite rue, du nord à l'Église, du levant au pilier le plus près de la petite porte de l'Église, du couchant au pilier le plus près vers l'occident après celui qui vient d'être désigné.

Le prix de cette acquisition était de 800 francs ; les bâtiments ont aujourd'hui disparu.

L'Église Notre-Dame présente 3 entrées, une entrée principale rue René-Moreau, sur la face occidentale de l'édifice, et deux autres entrées, l'une au nord sur la Grand'Rue, l'autre au sud sur la rue René-Moreau.

A droite du portail de l'entrée occidentale s'élève la tour carrée flanquée de ses arcs-boutants, sur laquelle s'appuie la flèche gothique à jour, haute de 79 mètres, considérée comme le monument le plus élevé du Poitou, après la flèche de Saint-Savin.

L'intérieur du monument est lui-même divisé par deux rangées de quatre piliers en trois nefs, l'une au milieu plus longue et plus élevée, les deux autres plus étroites et formant les bas-côtés.

A l'édifice sont attachés, en vue de l'exercice du culte. les objets suivants, qui paraissent présenter le caractère d'immeubles par destination :

1° Le Maître-Autel, ouvrage de pierre, recouvert de marbre blanc, reposant sur des degrés de marbre noir et présentant sur le devant un bas-relief de Thomas, sculpteur à Nantes, où se trouve reproduite la Cène.

Le retable contre lequel est appuyé le grand autel avec les deux peintures exécutées en 1813 par le peintre de Rieg : Annonciation et Descente de Croix ; les huit colonnes de marbre gris qui le surmontent et les statues des quatre Évangélistes en bois peint.

Étant observé qu'il existait encore dans cette partie de l'édifice quatre colonnes de marbre rouge et quatre chapiteaux de pierre sculptés, aujourd'hui descendus au rez-de-chaussée de la sacristie, une statue du Père Éternel en bois peint, conservée dans les greniers du Presbytère, et enfin deux peintures qui ornaient les deux médaillons du retable et qui n'ont pas été représentées.

L'autel gothique de pierre sculptée édifié. dans la chapelle latérale, côté sud, avec la statue de la Sainte Vierge qui le surmonte, l'autel existant dans les fonts baptismaux, et les deux autres autels également de pierre sculptée (autel du Sacré-Cœur avec la statue de pierre qui le surmonte et autel Saint-Venant) existant dans la chapelle latérale, côté nord.

Ensemble, la grille de fer du chœur ou appui de communion, et les grilles qui enserrent les deux chapelles latérales.

La chaire de bois de chêne sculptée (style Louis XVI) due au ciseau de MM. Drouard père et fils, de Fontenay, ladite chaire supportée par un énorme canatule et recouverte d'un dais représentant la religion foulant aux pieds l'hérésie (objet classé par arrêté ministériel du 25 septembre 1901).

La tribune édifiée au-devant de la grande porte sur deux piliers de maçonnerie sculptés ; le bénitier de marbre gris scellé au mur près de la porte sud, et les deux grands bénitiers en marbre de même couleur, montés sur colonne de marbre rouge, devant la grande porte.

A ces objets, il convient d'ajouter comme étant propriété nationale, au même titre que l'édifice lui-même, la grosse cloche coulée en 1466 et qui se trouvait dans le clocher en 1795, au moment où l'Église Notre-Dame fut remise au culte (Art. 12 de la loi du 9 décembre 1905).

Cette cloche, dont le diamètre à la base est de 1^m20 environ, porte l'inscription suivante :

« *Sancte Venanti ora pro nobis.* L'an mil CCCCLXVI. me fit galloys, à son devis, à la requefte des habitans, pre lefevre ce promovans, lors eclant fabricour de céans. »

Enfin sur le mur de la nef droite (côté du couchant)

et à peu de distance de l'entrée principale, se trouve placée l'horloge à double cadran, œuvre de Gourdin, de Nantes, dont la propriété paraît appartenir à la commune de Fontenay.

Le sol nu sur lequel est édifiée l'Église est évalué par le sous-inspecteur sur le pied de 20 francs le mètre carré.............................. 29.700 fr.

A mentionner également au nombre des immeubles par destination attachés à l'Église, les vitraux peints dans le style des XIVe et XVe siècles, exécutés par Lobin, directeur de la manufacture de Tours, vers 1854 ; ces vitraux représentent :

1° L'Immaculée-Conception ; 2° la Présentation de la Vierge au Temple ; 3° l'Annonciation ; 4° la Présentation de N.-S au Temple ; 5° la naissance de Jésus-Christ ; 6° et 7° les Sacrés-Cœurs de Jésus et de Marie ; 8° la Visitation de la Vierge ; 9° l'Adoration des Mages ; 10° la Mort de la Vierge, et 11° J.-C. au milieu des Docteurs.

A ces onze vitraux il convient d'ajouter les trois autres vitraux en grisaille existant au-dessus de la grande porte d'entrée de l'Église et dans les bas-côtés.

A la nomenclature qui précède, le sous-inspecteur croit devoir ajouter sous toutes réserves les objets suivants qui lui ont paru présenter selon la doctrine enseignée au répertoire de Dalloz (suppl. v. culte n° 370) le caractère d'immeubles par destination :

Une statue de sainte Philomène, en carton pierre de 1m20 environ, placée sur colonne de pierre adhérente à la muraille et placée dans la chapelle de la Sainte Vierge.

Une statue du Père Montfort, également en carton

pierre peinte, sur colonne de pierre adhérente à la muraille (même chapelle).

La statue de saint Michel exterminateur, en fonte, placée sur colonne de pierre faisant corps avec la maçonnerie, près de l'entrée principale de l'Église.

Les statues fixes placées près du chœur au nombre de 18.

Les 8 appliques de cuivre fixées aux piliers.

Le baptistère de marbre gris et le baptistère de pierre peinte se trouvant dans les fonts baptismaux.

Les grandes orgues posées sur la tribune et portant, gravée sur une plaque de cuivre, l'inscription suivante: Orgue, don de Mme veuve E. Robert du Botneau, née Brochard-Buffet ; don de Mme veuve A. Chabot de Péchebrun, née Perreau. Ces orgues de 10 mètres de haut sur 5 mètres de long sortent de la maison de Bierre, de Nantes.

MM. les Membres du Conseil de Fabrique protestent d'une manière générale contre le classement qui est fait parmi les immeubles par destination des objets qui viennent d'être décrits ; ils déclarent que ces objets ont été donnés à la Fabrique ou achetés par elle, et en revendiquent la propriété sauf les droits des donateurs. Plus spécialement. M. Robert du Botneau, Président du Conseil de Fabrique, fait réserve de tous ses droits au sujet de la revendication des orgues.

II. — PRESBYTÈRE. PROPRIÉTÉ COMMUNALE

Indépendamment des constructions édifiées en 1876 par la Fabrique, le presbytère comprend les immeubles suivants, dont la propriété paraît avoir été concédée à la commune de Fontenay par l'État, ainsi que cela paraît établi :

1° Dans un acte d'acquisition reçu par Me Cougnaud, notaire à Fontenay-le-Comte, le 15 avril 1807, ayant pour objet l'immeuble situé dans la rue Pierre-Brissot, actuellement occupé par la justice de paix.

2° Dans la délibération du 24 avril 1876, par laquelle le Conseil municipal de Fontenay votait une subvention de 2.000 francs pour la reconstruction du presbytère, sous réserve des droits de la ville en ce qui concerne la propriété de la Cure.

1° Bâtiments conservés de l'ancienne Cure comprenant au rez-de-chaussée : vestibule ouvrant rue René-Moreau, n° 3, une pièce servant de parloir, chambre et servitudes (bûcher, buanderie et cabinet) au 1er étage : une chambre et deux autres pièces servant de greniers.

2° Jardin s'étendant devant le presbytère jusqu'à la place du Marché-aux-Herbes, n° 26, et sur la partie duquel ont été élevées les constructions de 1876.

L'ensemble de ces immeubles figure sous les numéros 852, 853, 857 p, section H, de la matrice cadastrale pour une contenance de 10 ares 24. Ils confrontent du couchant à la place du Marché-aux-Herbes ; de l'est, à la rue René-Moreau et aux maisons situées en façade de la rue allant de la place du Marché à la rue René-Moreau ; de l'ouest, à la bande de terrain acquise par la Fabrique en 1873 et annexée au jardin de la Cure.

Leur valeur est évaluée par le sous-inspecteur à.. 20.000 fr.

DÉCLARATION CONCERNANT L'ACTIF ET LE PASSIF

Le passif de la Fabrique Notre-Dame comprend deux emprunts :

L'un de 1,600 francs contracté au Crédit Foncier de France.

L'autre de 13.200 francs au profit de MM. Hervineau, Coussot et de Larocque-Latour.

1° Emprunt du Crédit Foncier.

La dette envers le Crédit Foncier, autorisée par décret du 19 mars 1892, a été stipulée remboursable en trente ans et a donné lieu, jusqu'au 17 juillet 1905 inclus, aux remboursements suivants :

31 décembre 1892, 2e semestre payé...			43 75
26 août 1893, 1er semestre payé.......			46 95
31 décembre 1893, 2e semestre payé...			46 59
17 août 1894, 2 semestres payés.......			93 28
17 juillet 1895, 1er semestre payé......			46 30
9 octobre 1895, 2e semestre payé......			46 70
7 juillet 1896, 2 semestres payés......			93 20
13 juillet 1897,	id.	......	93 20
6 juillet 1898,	id.	......	92 90
4 juillet 1899,	id.	......	93 10
4 juillet 1900,	id.	......	93 »»
2 juillet 1901,	id.	......	93 »»
4 juillet 1902,	id.	......	93 »»
2 juillet 1903,	id.	......	93 »»
4 juillet 1904,	id.	......	93 40
17 juillet 1905,	id.	......	93 15

Au total.................... 1.254 16

2° L'emprunt de 13.200 francs, autorisé par décret du 25 juillet 1902, et nécessité par les travaux de restauration de l'Église, a été stipulé remboursable dans un délai de 24 ans, par annuités de 550 francs.

Sur le montant de cet emprunt il a été remboursé :

Le 6 septembre 1903, une première annuité.	550	»»
Le 23 juillet 1904, une deuxième annuité..	550	»»
Le 19 août 1905, une troisième annuité....	550	»»
Le 19 août 1907, sept annuités par anticipation........................	3 850	»»
Au total............	5.500	»»
Somme empruntée........	13.200	»»
Reste dû............	7.700	»»

Le présent inventaire et le classement qu'il comporte sont établis tous droits et moyens de l'État et des parties réservés.

Sur notre réquisition, MM. Chevallier, Robert du Botneau, Joffrion, commandant de Larocque-Latour, Hervineau, Coussot, Clais et Gustave du Temps, ont déclaré qu'à leur connaissance il n'existe pas d'autres biens susceptibles d'être inventoriés que ceux portés au présent procès-verbal.

En conséquence, nous avons clos le présent inventaire contenant vingt-cinq rôles et vingt-quatre lignes et quarante mots rayés, le vingt-sept janvier mil neuf cent six, à 5 heures du soir, et après lecture faite, nous l'avons signé seul, les comparants ayant refusé de le revêtir de leur signature.

Privat.

TABLE DES MATIÈRES